Ralf Jandl

Es reicht

Eine Streitschrift zum kollektiven Unbehagen

In Deutschland

Bibliografische Information der Deutschen Nationalbibliothek: Die Deutsche Nationalbibliothek verzeichnet diese Publikation in der Deutschen Nationalbibliografie; detaillierte bibliografische Daten sind im Internet über dnb.d-nb.de abrufbar.

TWENTYSIX – Der Self-Publishing-Verlag
Eine Kooperation zwischen der Verlagsgruppe Random House und BoD – Books on Demand

Herstellung und Verlag:
BoD – Books on Demand, Norderstedt

ISBN: 978-3-7407-0908-2

Inhaltsverzeichnis

wir sind mittendrin ! Vorsicht ist geboten!

Es wussten schon andere:

Sören Kierkegaard

Zur Situation der Zeit

Man befürchtet im Augenblick nichts mehr als den totalen
Bankrott, dem wie es scheint, ganz Europa entgegen geht,
und vergisst darüber die weit gefährlichere, anscheinend
unumgehbare Zahlungsunfähigkeit in geistiger Hinsicht, die
vor der Türe steht.

Sören Kierkegaard, Tagebuch 1836

(heute aktueller als je zuvor)

Wenn die Menschen den Ruf der Vernunft nicht hören, wird
alles zum Albtraum.

Goya y Lucientes

Ich habe genug.

Titel einer Kantate von Johann Sebastian Bach

Die Wahrheit (muss man) in den Tatsachen suchen.

Deng Xiaoping

Zu wissen, was zwischen Menschen möglich ist und nicht
geschieht, macht traurig.

Kuno Bärenbold, Karlsruher Original

Vorwort

„Es reicht"

Der Mensch ist ein biologisches Wesen und trotz seines
Verstandes anfällig gegen die verschiedensten
Versuchungen.

Er geht gern den breiten Weg. Oft nimmt er kurzfristige
Vorteile wahr, weil er sich die daraus ergebenden Nachteile
nicht verdeutlicht. Meist strengt er sich nur an, wenn er muss.
Dieser Zeitpunkt ist spätestens jetzt gegeben. Schon sind viele
Menschen davon überzeugt die Zukunft bringe nichts Gutes.
Dies ist aber nur der Fall, wenn die derzeit praktizierten
Paradigmen in Berlin und anderswo beibehalten und die
Entwicklungslinien weiter verlängert werden .Doch die
Geschichte ist offen.

Es gilt zwei globale Gefahren zu erkennen und zu bekämpfen.
Die Klimaerwärmung lässt sich im kapitalistischen System
nicht aufhalten. Naomi Klein hat hierzu das Nötige gesagt .Ein
anderes Wirtschaften bringt auch eine andere Gesellschaft
mit sich. Dabei würde auch die zweite Gefahr die
Notwendigkeit zu ständigem Wachstum obsolet, die für den
Kapitalismus notwendig ist aber nicht nur die
Klimaerwärmung befeuert, sondern auch das Finanzsystem
unterhöhlt und zu einem Auseinanderdriften von Geldwert
und Substanzwert führt, was die Politik der EZB
demonstriert.

Ein „weiter so" würde in einer Weltkatastrophe enden, gegen die das Erdbeben von Lissabon 1755,das damals mit über 20 000 Toten die Welt erschütterte und als Warnung Gottes aufgefasst wurde, als unbedeutend anzusehen wäre.

Heute kann nicht mehr das Wachstum der Wohlfahrt in der westlichen Welt angestrebt werden, sondern nur gerechtere Verteilung   der Ressourcen und der Abbau von Diskriminierungen zwischen den Völkern und Menschen. Dies gilt insbesondere auch angesichts der sich abzeichnenden Völkerwanderung aus Afrika und vom Balkan nach Norden und Westen.

Entscheidend ist der Konsens möglichst vieler Menschen, der einzelnen Staaten und der Staatengemeinschaft insgesamt. Weshalb die UNO wo immer   und wie immer möglich zu stärken ist.

Einige vermeidbare Fehler sind hier dargestellt, indem gezeigt wird, wie sich Staat und Kultur in Deutschland mit einem gelegentlichen Seitenblick auf Baden-Württemberg in den letzten Jahrzehnten negativ entwickelt haben.

Diese Fehler können nur vermieden werden durch Offenheit und liebenden Ernst im Umgang der Menschen untereinander.

Dieses kleine Buch „Es reicht" ist als Streitschrift anzusehen, mit Methoden wie der Forderung nach ständigem Wachstum und anderen Irrlehren aufzuhören und wieder zur Realität und Redlichkeit zurückzukehren. Die Bevölkerung würde es der Berliner Regierung danken. Manchmal hat man den Eindruck einer „politischen Inversionslage": eine (noch) vernünftige Bevölkerung und unverantwortliches Handeln in Berlin. Es ist erschreckend, wie viele sonst loyale, rechtschaffene Bürger den Eindruck haben, in absehbarer Zeit würde das westliche System in Politik , Wirtschaft und Gesellschaft zusammenbrechen, und die Regierungen würden nur noch auf Zeit spielen, um ihren Anhängern die Möglichkeit zu geben, möglichst viel mitzunehmen, wohin bleibt dabei offen.

Es kann jetzt nicht darauf ankommen welchem Zipfel des Parteienspektrums man anhängt, sondern welche sich als zukunftsfähig erweisen und welche von vornherein dafür als ungeeignet erscheinen wie es auch   der Sozialwissenschaftler Welzer vorschlägt.

Der Weg wird schwierig werden, da die Politik der Bevölkerung keine neuen Wohltaten mehr bieten kann. Der Kampf um die Abschaffung der Braunkohle zeigt wie selbst Notwendigkeiten nur schwer zu vermitteln sind. Ungewohnte politische Situationen kommen hinzu. Die Deutschen halten die Griechen für undankbar und halsstarrig ohne zu wissen, dass hinter dem südeuropäischen „Populismus" und dem ungewohnten Verhalten der Regierung Tsipras erprobte Ideen aus Lateinamerika stehen.

Hinzukommt dass durch die sich abzeichnende neue Völkerwanderung aus Afrika, dem nahen Orient und Teilen des Balkans völlig neue politische Dimensionen errreicht wurden die Deutschland hart und lange belasten werden.

Vor 1000 Jahren fürchteten sich die Menschen vor der
Jahrtausendwende, weil sie das Jüngste Gericht erwarteten.
So schlimm war es im Jahr 2000 nicht, die Begeisterung hielt
sich aber in Grenzen.

In einem verregneten Urlaub an der Nordsee dachte der
Autor darüber nach, wie das neue Jahrhundert bislang
gelaufen war, und wie es weiter laufen könnte. Die Fehler
sind alle bekannt, niemand zwingt uns sie weiter zu
begehen. Es fehlt allenfalls an Mut .

Ralf Jandl   Nordstetten, Sommer 2015

Ein neues Jahrtausend - die alten Probleme

Die Jahrtausendwende 2000 wurde in Deutschland sehr
verhalten gefeiert. Es bestand kein Grund zur Euphorie. Zwar
schmetterte im Seniorensender ZDF Roberto Blanco mit
Schwung „ ein bisschen Spaß muss sein", aber es fehlte die
rechte Fröhlichkeit beim Publikum. Bezeichnend war, dass im
Bestreben der Medien, events möglichst früh zu vermarkten,
überall - außer in Staffelstein am Main, dem Geburtsort des
Rechenkünstlers Adam Riese - die Jahrtausendwende ein Jahr
zu früh gefeiert wurde, nämlich den Abschluss des 20.
Jahrhunderts und nicht den Beginn des 21. Zur
Jahrtausendwende hatte der Autor als Beamter im
Ministerium für Wissenschaft und Kunst in Stuttgart noch die
Idee, die besten Köpfe der Welt - vorsichtshalber nicht des
gastgebenden Landes - wie zum Beispiel Mandela, den Dalaih
Lama, Nadine Gordimer, Helmut Schmidt und andere im
Großen Haus des Staatstheaters eine Rede über die Zukunft
der Welt halten zu lassen, die in einer „Stuttgarter Erklärung"
hätte münden sollen.

Der Plan scheiterte aber schon im Vorfeld am damaligen
Intendanten des Staatstheaters, dem eine solche
Zusammenarbeit mit dem Staat offensichtlich als degoutant,
wenn nicht gar als obszön vorkam.

Schade war, dass auch sonst die großen Gesten zur
Begrüßung des neuen Jahrhunderts und Jahrtausends fehlten.
Kein Rufer wie der Humanist und Ritter Ulrich von Hutten

ließ sich vernehmen, der das 16. Jahrhundert mit dem
Jubelruf begrüßt hatte:

„Oh Wissenschaft, oh Künste, es ist eine Lust zu leben!"

Und das obwohl er schwer an der Syphilis litt, dem ersten
großen Exportgut aus Amerika.

Der Philosoph Karl Jaspers hat das 16. Jahrhundert als letzte
Achsenzeit der Geschichte bezeichnet, weil die Reformation,
der Buchdruck Gutenbergs und die Entdeckung Amerikas den
damaligen Menschen die Türen weit aufgestoßen und ein
völlig neues kulturelles Umfeld geschaffen hatten.

Denkbar erscheint es, dass das 21. Jahrhundert sich zu einer
noch viel weitergehenden Achsenzeit entwickeln könnte.
Gegenüber Druck und Gutenberg hatte das Internet eine
galaktische Ausdehnung und bot dem Menschen aktiv und
passiv viel mehr Möglichkeiten, von NSA sprach noch
niemand. Die Entdeckung Amerikas, die größte Panne in der
christlichen Seefahrt, wie manche gern sagen, konnte mit der
Globalisierung und dem Erstarken Asiens verglichen werden.

Leider fehlte es an einer Reformation des Denkens in Europa
auch nur ansatzweise, das sich von der geistigen Bühne längst
abgemeldet hatte und da und dort noch von der großartigen
Vergangenheit lebte, die nicht zuletzt im Ausplündern
anderer Kontinente bestanden hatte. Große weltpolitische
Fragen wurden denn auch zwischen China und den USA
direkt verhandelt, ohne die Europäer einzubeziehen. Die alte
Weisheit „ex oriente lux", aus dem Osten kommt das Licht,

scheint sich nicht mehr nur auf die Sonne, sondern auch auf
die Kultur zu beziehen

Hoffnung bestand in Asien vor allem in China, das sich seit
über zweieinhalb Jahrtausenden an Konfuzius orientierte und
mit Taoismus und Buddhismus Religionen und Lebensformen
übernommen und weiter entwickelt hatte, die auch heute
noch den Chinesen und anderen asiatischen Völkern Leitlinien
höchster Weisheit vermitteln. Die Besetzung Tibets und die
Behandlung der Tibetaner und anderer Minderheiten zeigt,
dass der buddhistische Einfluss nicht dominant ist.

Wenn heute die Beziehungen zwischen Ländern nur im Export
und Import materieller Güter gesehen wird, dachte man
früher weiter .1698 schrieb als Beispiel der Hannoveraner
Philosoph Leibniz an den Kaiser von China und schlug ihm vor,
für Konfuzius eine wissenschaftliche Akademie in Hannover
zu gründen, während in Peking eine Akademie für die
westliche Philosophie errichtet werden sollte. Leider wurde
daraus nichts, noch heute könnten wir auf einer derartigen
Akademie viel lernen, möglicherweise mehr als die Chinesen
von uns, wenn man von hochentwickelter Technik absieht.
Was vom Westen durch die Welt geschickt wird ist Musik
und Interpreten, die die Jugend begeistern mögen, aber
unter dem Verdikt Toynbees steht, die
Verbreitungsgeschwindigkeit eines kulturellen Phänomens sei
umgekehrt proportional zu seinem kulturellen Wert.

Auffällig war, dass sich in der Bürokratie des Landes Baden-
Württemberg ein großer zunehmender Überdruss
entwickelte, der schließlich dazu führte, dass bei der
14

Landtagswahl 2011 im „schwarzen" Baden Württemberg
vierzig Prozent der höheren Beamten „Grün" wählte, ohne
dabei zu erröten, und ein jahrzehntelanger Staatssekretär der
alten Regierung nach der Wahl erklärte, man habe nur noch
die Dummen erreicht. Kein Klima für Intellektuelle im
Staatsdienst, auf die der damalige Ministerpräsident Mappus
auch gern verzichtete.

Die Weltgeschichte lief weiter und nichts wurde besser, und
viele fragten sich, warum in diesem unserem Lande, wie
Kanzler Kohl stets schwerfällig formulierte, trotz guter
Voraussetzungen manches nicht besser gedeiht. Viele kamen
zu dem Ergebnis, dass sich die sogenannten Eliten in
Wirtschaft und Gesellschaft, und vor allem die Intellektuellen,
zu wenig für den Staat engagierten und dem Mittelmaß in der
Politik freiwillig das Feld überließen. Wer 68 gegen den Mief
der Talare und die Reste der Nazipolitik anstürmte, übersah in
der Folge , dass damit zwar wichtige politische Felder
angegangen wurden, aber bei weitem nicht alle. So wurde
zwar die Hochrüstung noch bekämpft, aber keineswegs die
Staatsverschuldung, die sich zwischen1969 und 1982 allein
beim Bund verfünffachte. Schulden, die nicht aus
Notwendigkeit entstanden, was es auch manchmal gibt,
sondern im Grunde aus Bequemlichkeit, weil sonst
Einschränkungen notwendig gewesen wären, und die
Korruption zwischen Wähler und Gewählten hätte beendet
werden müssen. Es hat keinen Sinn, hier politisch die Schuld
zu quoteln, was die Verschuldung angeht gabs aus keiner
politischen Ecke Widerstand. Hinzu kam, dass Hedonisten wie
Joschka Fischer ,der jede Ausbildung durch seine enorme Ich

Stärke ersetzte und heute selbst Tagungen von
Spielautomatenherstellern gegen ein größeres Honorar
veredelt , wobei er freilich nicht zum Thema Glück durch
Spiel, sondern sehr gehoben zum Thema EU spricht, für
solche Themen kein Interesse zeigten. Gleiches gilt für Jürgen
Trittin, dem es bei der grünen Politik nicht um die
Waldblümelein oder gar die blaue Blume gegangen sein
dürfte und die beide als Vorbilder für die Jugend deshalb nur
sehr begrenz t taugen. Andererseits sah sich kein bürgerlicher
Politiker veranlasst, sich mit Herbert Marcuse, Adorno,
Horkheimer oder Fromm ernsthaft zu befassen.
Erkenntnisse aus ihrem Bereich hätten sie möglicherweise im
Urteil unsicherer gemacht, erschwert doch Wissen jede
Entscheidung. Es reicht in der politischen Praxis leider, die
einen als links die anderen als rechts einzutüten, weshalb
Kompromisse selten sind und der geistig kulturelle Fortschritt
lahmt. Als Wurzel allen Übels erschien   dem Autor beim
Nachdenken

Der Verrat der Intellektuellen

Dabei ist nicht an Habermas oder Enzensberger zu denken,
die sich vorbildlich selbst noch in höherem Alter mit dem
sperrigen Thema Europa und der digitalen Problematik
befassten. Besonders die Vielseitigkeit Enzensbergers ist zu
bewundern, war dieser doch nicht nur ein scharfsinniger
Essayist, ein guter Lyriker, selbst zu ausgefallenen Themen

wie den Flechten und sogar Mathematiker, was viel jüngeren
Intellektuellen als unzumutbares Fach gilt. Sollte es richtig
sein, dass er vor der Währung sich auch im Schwarzhandel
von Zigaretten in Süddeutschland Meriten erwarb, würde
dies ein Grund mehr sein, der ihn heraushebt, wäre dies
doch ein Beweis für Flexibilität und praktische Intelligenz. Zu
kritisieren sind vielmehr die vielen Lehrer, Schriftsteller und
Pfarrer, die allzu genügsam sind, wenn es nicht gerade um die
großen Brocken wie Kernenergie, Pershing Raketen oder
dergleichen geht .Unerforschlich ist, was in über sechzig
Jahren Demokratie im Fach Gemeinschaftskunde den
Schülern vermittelt wurde.

Das Problem ist nicht neu wurde aber gerade von den
deutschen Intellektuellen in guten wie schlechten Zeiten
erfolgreich ignoriert. Der französische Soziologe Julien Benda
hatte1927 sein Pamphlet „La trahison de clercs"
herausgebracht, das in Frankreich zu einem Schlüsselwerk der
Zeit zwischen den Weltkriegen wurde. Unter „clercs" verstand
der streitbare jüdische Franzose die Angehörigen der
wissenschaftlichen und künstlerischen Berufe. Heute würde
er einen Schwerpunkt bei den Medienberufen sehen. Benda
war ein radikaler Sozialkritiker. Er buhlte mit keiner Schule,
saß zwischen allen Stühlen und erhielt von de Gaulle das
Prädikat „un homme seul".

Die deutschen Intellektuellen, die allen Grund gehabt hätten
auch betroffen zu sein, fühlten sich vom Rationalisten Benda
und seiner Moralität nicht berührt. Die erste Übersetzung
erschien bezeichnenderweise mehr als fünfzig Jahre nach

dem Erscheinen der französischen Erstausgabe 1978 bei Hanser mit einem Vorwort von Jean Amery.

Typisch, dachte er sich und fragte sich aber zugleich, ob die Verbesserung der Welt nicht nur ein Wunsch unreifer Jünglinge oder Traumtänzer ist, die mit der Härte der Realität nicht zurechtkommen. Ein Vorwurf, den er sich immer wieder selbst machte, aber dann doch verwarf, denn wenn man die Welt ohne Kritik den Rabauken überließ, wäre alles noch viel schlimmer. Man sollte sich im Übrigen die Intellektuellen nicht als Wesen höherer Ordnung vorstellen. Sie leben vorzugsweise gut und genießen, wie schon Nietzsche sagte, gern ein Lüstchen bei Tage und eines bei Nacht, bis die Kondition nachlässt und sich die Bedürfnisse ganz in den Kopf verlagern.

J.P. Sartre hat sich in seiner Schrift „Plädoyer für die Intellektuellen" mit diesen wunderlichen Menschen befasst. Er führt den Begriff historisch zurück auf das Engagement von Publizisten in der berüchtigten Affäre Dreyfus im 19. Jahrhundert in Frankreich. Der Vorwurf gegen diese ist meist, dass sie sich um Angelegenheiten kümmerten, die sie eigentlich nichts angehen. Doch genau darin liegt ihre Aufgabe! Sie haben sich Problemen anzunehmen, die sonst von niemand aufgegriffen würden, weil sie über das Interesse von Einzelnen und Verbänden hinausgehen.

Es mag schwindelerregend sein, wenn herausragende Intellektuelle, wie in guten Zeiten Walter Jens, sich über Bundesliga, Judas Theologie und Völkermord in Burundi gleichermaßen kompetent äußern wollen, und mancher
18

Intellektuelle wie Günter Grass mag sich auch überschätzen, aber dennoch ist ihre Meinung wichtig, ist sie doch unabhängig von wirtschaftlichen Aspekten und persönlichen Vorteilen, zumindest wenn es nicht erkennbar um publicity geht, wie es manchmal Grass und anderen vorschnell nachgesagt wurde ohne dies belegen zu können.

Es geht nicht um die Demonstration geistiger Allmacht, sondern um die Konkretisierung von Grundsätzen, wie Gerechtigkeit, Humanität und anderer kultureller Werte, was schon bei der Bundesliga zu einer Herausforderung wird; geht es doch nicht nur um den hehren Sport, sondern auch um Kommerz, Manipulation ja Betrug.

Die Aufgabe der Intellektuellen ist somit die Anwendung ethischer Grundsätze, die für alle gelten, auf Situationen und Gruppen, zu der die unmittelbar Betroffenen gerade wegen ihrer Betroffenheit nicht in der Lage sind.

Dadurch wird der Intellektuelle Spezialist für die Rechte der Menschen und als Generalist zum Wahrer des Gemeinwohls, das in Deutschland von keiner staatlichen oder gesellschaftlichen Organisation originär vertreten wird und dementsprechend darniederliegt, wie es der konservative Juraprofessor Forsthoff schon in den siebziger Jahren feststellte. Jedes Eigeninteresse korrumpiert das Urteil nicht nur bei Intellektuellen.

Wie unterschiedlich die Bewertung einer Epoche durch Intellektuelle und der übrigen Bevölkerung sein kann zeigt sich deutlich an den frühen fünfziger Jahren der

Bundesrepublik. Für erstere die „Adenauersche Restauration". Für die breite Bevölkerung die Zeit des Wiederaufbaus, des Wohnungsbaus und des ersten „fahrbaren Untersatzes". Zwei Seiten einer Medaille wobei sich niemand die Mühe macht beide zu sehen und einzuordnen. Dass im Bonner Justizministerium mehr NSDAP Mitglieder gewesen sein sollen als im Dritten Reich und die gleichen Seilschaften aktiv kann nicht durch den angeblichen Mangel an unbelasteten Juristen erklärt werden. Die Berufung des Kommentators der Nürnberger Rassegesetze Globke kann nur als Frivolität um nicht zu sagen Frechheit Adenauers angesehen werden über den eine kritische Biographie angebracht ist. Der zeitliche Abstand ist jetzt gegeben. Wie elastisch um nicht zu sagen wetterwendisch, Intellektuelle sein können, zeigt die Biographie des SS Hauptsturmführers Hans Ernst Schneider, der für Heinrich Himmler insbesondere im Amt Ahnenerbe arbeitete. Nach 1945 nahm er den Namen Hans Schwerte an, studierte wiederum Germanistik und promovierte ein zweites Mal. Im Zuge seiner akademischen Karriere wurde er Rektor der Rheinisch Westfälischen TH in Aachen. In seiner Habilitation befasste er sich mit Faust und dem Faustischen als einem Kapitel deutscher Ideologie. Es erweist sich, dass Intelligenz kein Wert an sich ist, sondern nur positiv bewertet werden kann, wenn sie für moralisch tolerable Ziele eingesetzt wird.

Fernsehphilosophen

Ein neuer Typ des Intellektuellen sind die Fernsehphilosophen
wie Sloterdijk und Precht oder der Kabarettist von
Hirschhausen, den die SZ als Reformhausphilosophen
bezeichnete. Losgelöst von den irdischen Problemen ihrer
Mitmenschen schweben sie weit über ihnen. Precht ist laut
Stuttgarter Zeitung treibende Kraft des Deutschen
Revolutionsrates und wird dabei unter anderem unterstützt
von Ernst Ulrich von Weizsäcker. Diese große Sippe ist
offensichtlich in der Lage für jedes politische System
qualifiziertes Personal zur Verfügung zu stellen. Auch die
Meinung von Philosophen muss in die Lebenspraxis der
Menschen und Staaten umsetzbar sein. Nicht so im
Fernsehen. Da gehört es zum guten Ton, sich über Wahlen zu
ereifern, ja vorzugeben, nicht einmal zu wissen, wann
überhaupt gewählt wird. Die Argumentation ist manchmal so
verschlungen wie ihre Beine und die Forderung Platos,
Philosophen müssten Könige werden, lässt erschauern.
Andererseits ist es für sie nicht einfach, immer wieder einen
Einfall zu haben, mit dem man in die Medien kommt. So ist
wohl Sloterdijks Idee vor einiger Zeit zu sehen, die Reichen
von der Steuer freizustellen und den Staat aus dieser Schicht
auf freiwillige Leistungen zu beschränken. Edzard Reuter, der
frühere Chef von Daimler fand diese Idee nicht etwa originell,
sondern bescheuert und fügte hinzu, das könne gedruckt
werden. Dieser Meinung wird jeder sein, der schon auf
einem Finanzamt gearbeitet hat und sich dort eine Abteilung
für milde Gaben von Millionären nicht vorstellen kann. . Es
fragt sich, ob diese Philosophen von Kants Kategorischem

Imperativ schon etwas gehört haben, oder es erträglich
fänden, wenn die ganze Bevölkerung so denken würde wie
sie? Hat Precht überhaupt begriffen, was eine Demokratie ist,
wenn ihm die Diskussion über einen Euro mehr oder weniger
Mindestlohn zu banal ist? Wahrscheinlich hat er nie im
Stundenlohn gearbeitet. Demokratie besteht eben nicht nur
aus parlamentarischen Sternstunden, wenn Reich Ranicki
oder gar der Papst zu Besuch kommt, sondern aus viel
Graubrot, dem berühmten Ziehen von Gänsekot, wie man in
Württemberg sagt. Max Webers Vorstellung vom
Berufspolitiker war, dicke Bretter zu bohren mit Augenmaß
und Leidenschaft zugleich, was die Abgeordneten stets vor
sich her sagen sollten. Ach, wie wäre es schön, wenn all die
großen Geister sich einmal einer Volkswahl stellen würden.
Hätte der Autor nicht einmal versucht, Stadtrat zu werden
und den politischen Betrieb in der Staatskanzlei als Referent
eines Politikers aus der Nähe mitbekommen, hätte er sich
mit seiner Kritik nicht so weit vorgewagt. Politik kann nicht
laufen wie ein wissenschaftliches Seminar im elfenbeinernen
Turm. Juristisch muss alles korrekt sein, doch führen stets
verschiedene Wege zum Ziel. Im Gegensatz zu Frau Merkel
muss man mit Nachdruck sagen, es gibt auch immer
Alternativen! Schon Frau Thatcher lag mit ihrer TINA Politik
(there is no alternative) daneben.

Die Finanzkrise wäre der Bevölkerung nicht in allen Details
richtig erklärbar gewesen. Richtig aber ist auch, dass man es
nie versucht hat, wenigstens durch die Kanzlerin und ihre
Mannen. Dabei wäre es hochinteressant gewesen zu hören,
wie die Griechen allein durch Sparen ihre Volkswirtschaft

wieder in Gang bringen sollten, und man nicht wie in Europa nach 1945 einen Marshallplan für den Süden braucht. Das ständige Reden von den „Hausaufgaben", die von den Griechen zu machen wären, wirkte wenig überzeugend. In Anbetracht der konkreten Lebensverhältnisse der griechischen Bevölkerung sogar peinlich.

Wenn bei der europäischen Finanzkrise, wie auch bei Stuttgart 21, deutlich wird, dass private Interessen im Spiel sind, wird jede Maßnahme von vornherein diskreditiert. Der Volkswirt Sinn, Leiter des renommierten IFO Institutes hat stets darauf hingewiesen, dass Schulden aus der Haftung privater Gläubiger in den Bereich staatlicher Gläubiger und damit in den Bereich der Steuerzahler hätten verschoben werden müssen, was Zeit gebraucht hätte, gerade Griechenland sei dafür ein gutes Beispiel. Leider hörte man in der ganzen Eurokrise wenig Experten, die so kompetent und überzeugend zugleich waren, wohl aber viele „computergestützte Astrologen".

Eigennützigkeit der Eliten

Hitler hatte instinktiv die schwache Seite der akademischen und wirtschaftlichen Elite erkannt und ihre Eitelkeit ausgenützt. Gleiches war der DDR Führung gelungen. Nach 1945 beziehungsweise 1989 gelang es in Deutschland nicht

23

mehr, die Eliten zu solidarischem Handeln untereinander und mit der Bevölkerung zu veranlassen. Die „ohne mich" Haltung war an der Spitze der Gesellschaft so verbreitet wie an der Basis. Dies zeigt sich deutlich an den Universitäten und Hochschulen, die quantitativ nie größer waren als heute aber an ihren Studenten und forschungsfremden Aufgaben ersticken. Viele Professoren resignieren, gehen zur Max Planck Gesellschaft oder ins Ausland.

Rotarier, Lions und vergleichbare Zusammenschlüsse haben das Verbindungswesen im Wesentlichen abgelöst, tragen ein mehr oder weniger großes soziales Feigenblatt, sind aber de facto gehobene Freizeitclubs mit durchaus eigennützigen Interessen. Egoismus ist der Schlüssel zum Selbst der Deutschen wie es die Algorithmen wünschen.

Sowohl die Wissenseliten an den Unis wie die Einkommenseliten in der Wirtschaft kommunizieren zu wenig miteinander. Die Zeit der „Deutschland AG" ist vorbei. Die Firmen im DAX gehören im wesentlichen ausländischen Hedgefonds. Die Bevölkerung als Ganzes wird mehr oder weniger vom Fernsehen „mental verwaltet" und zieht den Kopf ein.

Für alle Großkopfeten wie Kleinkopfeten gilt das Handlungsmuster, das Schirrmacher in seinem Buch „Ego" darstellt: Egoismus und daraus folgende Berechenbarkeit.

Zu diesen soziologischen Defiziten kommen ideologische und politische durch das Festhalten an falschen Leitsätzen.

Falsche Leitsätze führen zu falschen Ergebnissen wie zum
Beispiel:

Das ständige Wachstum

Unsere Bundeskanzlerin sagt wenig und kommt mit wenig
Worten und Begriffen aus. "Scheitert der Euro, scheitert
Europa". Eine solche Erklärung von ihr muss der Bevölkerung
reichen (Hinzuzufügen wäre: Wer mehr wissen will, soll
gefälligst Volkswirtschaft studieren) .Politiker dürfen sich
freilich nicht wundern, dass derartige Bemerkungen keine
Begeisterung für Europa mehr aufkommen lassen .Oder ein
noch kürzeres Beispiel: „Alternativlos" (Hinzuzufügen wäre:
das muss jetzt reichen, basta) .Und mit höchster
Verblendung und Intensität: „ohne Wachstum ist alles
nichts". Wenn Madame Lagarde mit ähnlicher Kürze sagt „mit
Butter schmeckt alles besser", überzeugt dies, weil empirisch
gesichert und von jeder Hausfrau zu bestätigen, während die
Aussage von Frau Merkel eine reine Behauptung ist. Eine
Behauptung, mit der sie, wie der CDU nahe Wissenschaftler
Miegel bei einem Vortrag in Tübingen sagte, die
Lebensgrundlagen ihres Volkes gefährdet. So wird Wachstum
zu einem Begriff, der nicht mehr hinterfragt werden darf. Im
Gesetz zur Förderung von Stabilität und Wachstum von
Schiller und Strauß wurde er gar zum Gesetz erhoben. Wie
aber schafft es eigentlich die Politik, dass die Ressourcen
wachsen? Kann man das Wachsen der Nachfrage und die

vorhandenen Ressourcen voneinander abkoppeln? Kommt
Abhilfe nicht allein durch den Gedanken des Teilens und der
Lehre von der Allmende der Nobelpreisträgerin Frau Ostrom,
das heißt zum Beispiel durch die gemeinsame Nutzung der
Ozeane nach Art des Gemeinschaftseigentums der Bewohner
einer Dorfgemeinschaft? Heißt die Devise dann nicht
„Zurückfahren der Ansprüche des Einzelnen und Teilen"?
Muss eine Volkswirtschaf t immer als Ganzes wachsen, ist es
nicht vorstellbar, dass manche Bereiche gleich bleiben,
andere wachsen, wieder andere zurückgehen?

Das Wachstum sollte von vornherein qualitativ und nicht
quantitativ verstanden werden. Im Übrigen ist es in der
Ökonomie ein Begriff geworden wie Bildung in den
Sozialwissenschaften. Je mehr desto besser, meint man. Es
wurde im Kalten Krieg zum Kriterium des Erfolges der
unterschiedlichen Wirtschaftssysteme. Noch heute beäugt
man sorgfältig das Wachstum in China, den USA und den
Europäischen Ländern. Steigen die Voraussagen eines
Institutes für Deutschland um ein halbes Prozent, atmet man
auf. Umgekehrt stellt sich Melancholie ein, und so geht es
über Wochen und Monate fortlaufend rauf und runter. Eine
ketzerische Frage wird nie gestellt : wie wirkt sich das
Wachstum eigentlich auf den Lebensstandard aus?

Kein Problem? Wer kein Geld hat, leiht sich welches. Kaufe
jetzt, bezahle später, hieß es ab den fünfziger Jahren in den
westeuropäischen Ländern und förderte natürlich das
Wachstum. Ein neuer „kick" erfolgte später durch die
Dispositionskredite mit Zinsen von gelegentlich um 17 %, die

schon manchen Haushalt dauerhaft in den Schulden hielten. Und für die Ärmsten der Armen gibt es Kredite vom Jobcenter, die als Ergebnis zu einem Leben unter dem Existenzminimum zwingen. Die Verschuldung muss auch als Folge des absurden Prinzips gesehen werden, dass dem Konsumenten jedes Produkt zu jeder Zeit zur Verfügung stehen muss, was zwangsläufig die Kosten und dann die Schulden treibt. Selbst von dem rigiden König Friedrich dem Zweiten von Preußen erfuhr man anlässlich der Publikationen zu seinem dreihundertsten Geburtstag, dass er Wert darauf legte, auch im Januar frische Kirschen zu essen. Heute gibt es alle Früchte der Welt zu jeder Zeit bei uns zu kaufen, und der Autor würde als militanter Grüner angesehen, wenn er heute wie in den Flitterwochen 1968 seine Frau tadeln würde, weil sie im März im Cafe sich einen Erdbeerkuchen herausgesucht hatte.

Von den Nahrungsmitteln wird, wie wir wissen, mindestens ein Drittel weggeworfen, so dass von vornherein weniger produziert werden könnte, ohne dass der Lebensstandard sinken würde. Aber die Produktion müsste heruntergefahren werden und damit das Wachstum sinken.

Wie die Bevölkerung noch denkt, wird bei einem Gespräch von Kunden einer kleinen erzsoliden Möbelfabrik im Schwarzwald deutlich. „Von denen kauf ich nichts mehr", sagte eine ehemalige Kundin, „die Möbel halten ja ewig, da sitzt man dann das ganze Leben auf dem gleichen Sofa herum". Solidität ist nicht mehr gefragt, weder bei den Produkten und oft auch nicht mehr bei den

Geschäftsmethoden. Alte Juristen denken fast wehmütig an Begriffe aus der juristischen Ausbildung wie „der Gemeinschaft der billig und gerecht Denkenden" als Bezugsrahmen oder der „Sittenwidrigkeit", die zur Wirkungslosigkeit von Verträgen führten. Juristisch denken ist hinderlich und nicht mehr gefragt.

Auch die hastige Osterweiterung der EU ist nur erklärbar, wenn man davon ausgeht, dass neue Märkte für die privatwirtschaftliche oder sagen wir ruhig für die kapitalistische Wirtschaftsweise erschlossen und gesichert werden sollten. Und dies völlig unabhängig von der Frage, ob die neuen Mitglieder von ihrem staatlichen, wirtschaftlichen und gesellschaftlichen Zustand dafür reif waren oder Hochburgen der Korruption wie Kroatien oder des sozialen Elends wie Bulgarien und Rumänien darstellten. Wiederum zeigt sich, dass die Staaten beziehungsweise dahinterstehende Kräfte das Interesse der Wirtschaft höher bewerten als das der Bevölkerung. was sehr zu denken gibt.

Auch wenn der Trend noch nicht danach aussieht, wird der Lebensstandard in Europa sinken müssen. Dabei sollte man es nicht den Grünen allein überlassen, „Veggie" Tage anzuordnen oder gar die Zahl der Hosen und Hemden für Durchschnittsverdiener festzulegen, wobei man nicht vergessen sollte, dass die persönliche Individuation nicht nur bei Frauen auch über die Mode erfolgt. Uniformen sind out. Der „Mao look" ist weder als Anzug noch als Denkungsart gefragt.

Bei allen Diskussionen, wie zu Begriffen des ständigen
Wachstums, muss man sich klar machen, dass sie in früheren
Jahrhunderten sinnvoll gar nicht hätten geführt werden
können. Der Turmbau zu Babel wäre als Gegenbeispiel stets
parat gewesen. Man lebte von der Subsistenzwirtschaft, in
der Gegenstände bei Bedarf erneuert wurden und nur nach
Einführung des Geldes, vor allem des Papiergeldes und des
reinen Buchgeldes, das kein dingliches Substrat hat, kam man
auf die Idee, dieses müsse ständig wachsen. Bei der Ernte
von Krautköpfen hätte man über diese Vorstellung nur
gelacht. Hinzuzufügen ist, dass das Gebot ständigen
Wachstums in vielen Ländern auch zu ökologischen
Verheerungen geführt hat und führt.

Staatsverschuldung ohne Ende

Die Staatsverschuldung ist seit dem Beginn der Finanzkrise
2008 noch erheblich gewachsen und viele aufmerksame
Bürger fragen sich ,wie lange das noch so weitergehen kann,
zumal in vielen Ländern auch eine erhebliche private
Verschuldung dazu kommt. Interessant ist, dass gerade in
den südlichen Ländern der EU armen Staaten wohlhabende
Bürger mit großem Privatvermögen gegenüberstehen, denen
es offensichtlich gelingt, sich vom Zugriff des Fiskus zu
befreien.So ergibt es sich bemerkenswerterweise, dass die
Deutschen das geringste private Vermögen in der EU haben .

Eine absolute Grenze für die Staatsverschuldung ist erst erreicht, wenn die Schuldzinsen höher sind als die Einnahmen des Staates, dieser also bankrott ist.(was in Griechenland in den letzten zweihundert Jahren fünfmal der Fall war).

Die europäische Finanzkrise war so gefährlich, weil sie drei brisante Elemente gleichzeitig enthielt: die hohe Staatsverschuldung, ein marodes Banken- und Finanzsystem und den voreilig eingeführten Euro.Woran Helmut Kohl nicht wenig schuld hat.

Die Staatsverschuldung in Deutschland war, von der Wiedervereinigung abgesehen, ausschließlich hausgemacht und entstand, weil man das Ziel hatte, das Staatsvolk bei Laune zu halten nach dem Motto:" Ich gebe Dir ein neues Bonbon steuerlicher Art (oder ein „Betreuungsgeld" eigener Art) und Du gibst mir Deine Stimme bei der Wahl". Ein Mechanismus, der jeden Staat in den roten Zahlen, wenn nicht im Konkurs enden lässt . Inzwischen hat die Bundesregierung die „schwarze Null" geschafft und erstmals seit 1969 wurde ein ausgeglichener Etat vorgelegt, was ohne die exorbitant hohen Steuereinnahmen nicht möglich gewesen wäre .Es ist zu hoffen, dass diese stolze Leistung nicht durch Belastungen aus der EU egalisiert wird und die Flüchtlinge so eingegliedert werden können ,dass sich die Kosten zwischen Kommunen , Ländern und dem Bund sinnvoll verteilen.

Eine Sondersituation ergab sich durch die Wiedervereinigung, die bislang saldiert 2 Billionen kostete ,die aber nicht ausschließlich aus dem Haushalt finanziert wurde, das

System" von „ ich gebe, damit du gibst" aber um die
Ostdeutschen erweiterte.

Nur zwei Finanzminister in Bonn zogen die Konsequenzen.
Fritz Schäffer von der CSU, der durch eine kluge Steuerpolitik
trotz Lastenausgleich und Londoner Schuldenabkommen
noch Überschüsse erzielte, aber wie Ludwig Erhard
entschiedener Gegner der von Adenauer propagierten
dynamischen Altersrente war und sich 1957 in das
Justizressort zurückzog. Der zweite war der frühere Chef der
Karlsruher Lebensversicherung „Genosse Generaldirektor"
Axel Möller von der SPD , der die Verschuldungspolitik seiner
Partei nicht mehr mittragen wollte und 1971 zurücktrat.

Zur Rolle der Banken oder zum System des Systemischen

Mit dem Konkurs von Lehmann Brothers fing 2008 die
Finanzkrise an. Die Überweisung eines dreistelligen Millionen
Betrages nach schon eingetretenem Konkurs durch die
deutsche Kreditanstalt für Wiederaufbau an Lehmann
Brothers zeigt, wie locker die Banker damals waren.

 Seither schwebt die Finanzkrise wie eine schwarze Wolke
über Europa, was in den Medien nicht ausreichend zum
Ausdruck kommt und in der Bevölkerung nur wenigen in
seiner Tragweite bewusst ist, obwohl die Vernichtung der
Sparguthaben in Deutschland einen Aufschrei zur Folge hätte
haben müssen. Hier wären sachverständige klare Worte

dringend erforderlich. Wer sich, warum auch immer, zur
Information auf die Tagesschau und eine Regionalzeitung
verlässt, wird kaum hinter die Schliche der Finanzpolitiker
kommen, die selbst zugeben, dass gelogen werden „muss".

Die europäische Finanzkrise vollständig aufzudröseln, ist hier
nicht möglich. Zu unterscheiden ist aber zwischen der
hausgemachten Staatsschuldenkrise und der Bankenkrise,
bei der fahrlässig konstruierte Banken auf Kosten der
Steuerzahler „gerettet" werden mussten, weil man dies ihren
Eigentümern, den Aktionären, politisch "nicht zumuten"
wollte. Nicht immer ist der Staat so zaghaft, aber „honnit soit
qui mal y pense".Das System blieb so erhalten.

Eine Eurokrise war die Finanzkrise insofern, als sich zeigte,
dass manche Staaten für den Euro noch nicht reif waren. Wer
tiefer blickt, wird einen europäischen Finanzkrimi gewahr, bei
dem Kohl einer der Haupttäter war. Auch der EMS Fond und
die Bankenunion werden den Schlamassel zu Lasten der
deutschen Steuerzahler nicht verhindern. Es wird empfohlen,
das aktuelle Taschenbuch von Sinn „Gefangen im Euro" zu
erwerben. Die 9,99 Euro sind sehr gut angelegt wie schon
die 4,44 Euro für sein kleineres Buch „Verspielt nicht Eure
Zukunft ".

Um welche Dimensionen es sich bei der Bankenrettung
handelt, zeigen Berechnungen der Grünen, die global auf 3,3
Billionen Euro kommen, die von den Staaten (Steuerzahlern)
für den Leichtsinn der Banker aufzubringen waren. Das
Argument der Banken war: Wenn ihr uns nicht rettet, bricht
das ganze Finanzsystem zusammen.

Prominente Volkswirte, wie Starbathy und andere klagten in Karlsruhe gegen den Euro, nicht eingedenk der Tatsache , dass das Bundesverfassungsgericht höchst selten das Ruder auch bei falschem Kurs des Staatsschiffes herumreißt, sondern das Geschehen mit Auflagen laufen lässt. Steht es doch zu Recht auf dem Standpunkt, die Politik müsse Berlin machen, ihm stünden nur Korrekturen zu.

Als Gemeinsamkeit der europäischen Finanzkrise stellte sich auch heraus, dass sie eine durch Gier gekennzeichnete Charakterkrise der Beteiligten im Bereich der Banken offenbarte, die zuvor wegen deren ausgeprägtem Selbstbewusstsein und des arroganten Auftretens nicht so deutlich wurde.

Für Juristen kam hinzu, dass wohl noch nie seit 1945 so unbedenklich mit dem Recht umgegangen wurde. Die Deutsche Bank, unter Abs noch der Inbegriff für verantwortungsvolles banking, ist heute, so hat man den Eindruck, bei jedem Skandal dabei. Auch der Staat ist häufig nicht rechtstreu. Der Bruch des Maastrichtvertrages durch die Regierung Schröder war nur der markanteste Fall.

Der biedere Bürger wird stutzen, wenn er die Äußerung des Chefs der Großbank Salomon Sachs Blankfein hört, er vollziehe nur den Willen Gottes. So hatte man es im Konfirmandenunterricht nicht gehört, dass sich Gott durch Banker vertreten lassen könne, wohl aber, dass Jesus die Wechsler (Banker) aus dem Tempel gejagt hatte. Heute müsste man dem armen Mann sagen: "Deine Werte waren gestern."

33

Das Problem für viele ältere Menschen ist daher heute nicht die fortschreitende Technik, bei der viele Senioren und Senoritas noch erstaunlich gut mithalten, sondern der Verfall der Werte im Zusammenleben der Menschen und der Verlust des Vertrauens in den Staat und seine Einrichtungen. Die Helmut Schmidt Melodie „ etwas lernen, etwas leisten, ordentlich etwas auf die hohe Kante legen" gilt nicht mehr, wenn der Sparzins gegen Null geht, und Windbeutel das große Geld machen. „ Aber wie soll es weitergehen", fragen sich viele und lassen vorsorglich erst einmal ihr Haus renovieren. Schon gibt es Literatur zum Thema „Vorbereitung auf den Bürgerkrieg". Vorsicht ist geboten!. Sollte die Bevölkerung einmal begreifen, was hinter den Kulissen gespielt wird, und dass es letztlich um ihr Geld geht, mit dem „gerettet" wird, dürfte zwar noch keine Revolution ausbrechen, aber bei Wahlen würde CDU und SPD eine vernichtende Niederlage erleben.

Schon verschwinden an den Andenkenbuden die Schildchen „Esst und trinkt so lang's euch schmeckt, schon zweimal ist das Geld verreckt", wahrscheinlich erfolgt gerade die Umarbeitung auf „dreimal".

Sparen als Selbstzweck ?

Austerität scheint die fixe Idee Schäubles zur finanziellen Rettung Europas zu sein. d.h. Zurückschneiden des Staates zu Gunsten des Marktes, Abbau der Staatsverschuldung durch Senkung der Staatsausgaben. Kritische Volkswirte wie Mark

Blyth ziehen Keynes heran, der sagte, wenn es dem Einzelnen
schlecht geht und er spart, kann es ihm besser gehen ,wenn
es allen schlecht geht und alle sparen geht es allen bald noch
schlechter. Der viel zitierte Keynes hilf t heute nicht weiter.
Seine richtige These, der Staat solle sich in Krisen
verschulden und Konjunkturprograme auflegen und die
daraus entstehenden Steuern für die Rückzahlung der
Kredite verwenden funktioniert schon deshalb nicht weil die
europäischen Staaten schon viel zu hoch verschuldet sind als
dass dieses Prinzip noch wirksam angewendet werden könnte
.Auch wird regelmäßig „vergessen" zu tilgen, wenn die
Konjunktur wieder anspringt.

Die Lösung liegt nach Blyth in höheren Einkommen und
Vermögenssteuern verbunden mit „finanzieller Repression"
dh. dem Zwang für Banken und Versicherungen
Staatsanleihen zu Zinssätzen unterhalb der Inflation zu
kaufen. Eine Methode mit der zum Beispiel die USA nach
1945 ihre hohe Staatsverschuldung rasch zurückführte .Das
Austeritätsdenken mag für die Bundesrepublik vorteilhaft
sein, wie durch Sparen aber in Griechenland Wachstum
entstehen soll bleibt ein Rätsel.

Neues durch Piketty?

Sehr selten erregt ein volkswirtschaftliches Buch soviel
Aufsehen wie „Das Kapital im 21. Jahrhundert" des

Franzosen Thomas Piketty, der darlegt, dass der Kapitalismus unvermeidbar zu mehr Ungleichheit führt.

Aus den USA wird berichtet, dass Piketty für seine Erkenntnisse gefeiert wurde wie ein Rockstar, wohl für einen Ökonomen die höchste denkbare Auszeichnung, wenn man vom Nobelpreis absieht.

Der Wirtschaftsweise Bofinger hat im „Spiegel" die Fakten hierzu etwas geordnet. Er weist darauf hin, dass die Vermögenden und die Wirtschaft zu wenig investieren, sondern Dagobert Duckartig auf ihrem Geld sitzen. Als größtes Problem sieht Bofinger nicht die sehr hohe Vermögenskonzentration in Deutschland an, die konstant sei, sondern die wachsende Ungleichheit bei der Einkommensverteilung, das heißt, dass Arbeiter und Angestellte weltweit ein immer kleineres Stück vom Kuchen bekämen. Der Anteil der Arbeitseinkommen am Volkseinkommen sinke seit Jahrzehnten, während der Anteil an Zinsen und Kapitalerträgen steige. Dadurch entstehe nicht nur ein großes Gerechtigkeitsproblem, sondern auch ein Nachfrageproblem, weil die Kaufkraft größer sein könnte.

An anderer Stelle brachte der „Spiegel" eine Titelstory mit der etwas naiven Feststellung, dass man durch Arbeit nicht reich werden könne, was jeder bestätigen wird, der es schon versucht hat. Unternehmer investieren daher nicht in die Wirtschaft, also den Maschinen oder Fuhrpark eines Unternehmens, sondern in die Finanzmärkte, wo es sich mehr lohnt, was kurzfristig gedacht sicher auch richtig ist, langfristig gedacht aber nicht zu Innovationen führt und zu abnehmenden Gewinnen.

Es gibt Berechnungen nach denen das reichste Segment von 1% der Weltbevölkerung so viel Vermögen besitzt wie die Übrigen 99 % zusammen, was für die Zukunft keine Stabilität verheißt.

Insgesamt ist zur Volkswirtschaftslehre festzustellen, dass die festgefügten Leitsätze und Axiome, die auf ewig gelten sollten(und den amerikanischen Lehrbuchautoren manchen Dollar ohne neues Nachdenken einbrachten) neuerdings von Studenten in Frage gestellt werden, ja bezweifelt wird, ob überhaupt von Wissenschaft gesprochen werden kann, wenn nur eine Methode erlaubt ist und auf Pluralität bewusst verzichtet wird, wie Zum Beispiel durch das Ignorieren der hervorragenden traditionsreichen österreichischen Schule der Volkswirtschaft zu Gunsten einer fragwürdigen Mathematisierung .Als neuester Fan Pikettys hat sich - man höre - Finanzminister Schäuble geoutet , der Pikettys Thesen als Anlass für sozialpolitische Mahnungen auf einer Party aufgriff. Piketty berät jetzt übrigens Podemos.

Piketty und sein Doktorand Zucman

Der Lehrstuhl von Piketty scheint recht hochkarätig zu sein. Sein Doktorand Zucman wertete internationale Kapitalströme aus, von der Idee ausgehend, dass die Kapitalausfuhren aller

Länder genauso groß sein müssten wie die weltweiten
Kapitaleinfuhren, doch erwiesen sich die Statistiken als falsch.
Es wird zu wenig Vermögen ausgewiesen. Milliarden
verschwinden, die in Steueroasen angelegt werden. Bei
Schweizer Banken liegen 1000 Milliarden Euro europäischer
Eigentümer. Ein Fünftel davon gehört Deutschen.

 Weitere Milliarden liegen in anderen Steueroasen. So liegen
nach Schätzungen in anderen Steueroasen wie Singapur,
Hong Kong , Luxemburg (!) und der Karibik 5800 Milliarden.
Für Deutschland bedeutet dies, dass davon ausgegangen
werden muss, dass es auf ein illegales offshore Vermögen
von 360 Milliarden Euro kommt, was zu 130 Milliarden
entgangener Steuereinnahmen führt, die eigentlich allen
Deutschen gehören.

Zucmans Reformideen klingen revolutionär. Er schlägt, um
die wachsende Ungleichheit zu bekämpfen, eine
Vermögensteuer auf der Grundlage eines Grundbuches für
Vermögen vor .Vorbild sei das Kataster ,dass 1791 von den
französischen Revolutionären geschaffen worden sei, um die
Nichtbesteuerung von Adel und Klerus zu unterbinden.
Übernehmen solle diese Aufgabe der IWF, womit er eine
Weile zu tun haben dürfte. Zur Motivierung der Länder, die
Steueroasen darstellen, schlägt Zucman Strafzölle vor und
hält es für angemessen, wenn Deutschland, Frankreich und
Italien 30% auf Importe aus der Schweiz aufschlagen würden,
was sicher wirksam wäre. Interessant ist, dass auch die
Heimat von Juncker, Luxemburg, hier auftaucht, dem als
langjährigem Premier dieses Landes solche Geschäfte nicht

verborgen geblieben sein dürften. (Höflich formuliert) Ein kleiner Lichtblick ist, dass die Rolle Junckers und Luxemburgs bei der Konstituierung der letzten EU Kommission deutlich wurde. Dabei hatte man den Eindruck, nur wer sich als Bock bewährt habe dürfe auch Gärtner werden.

Zucman schlägt auch vor, die Verhandlungen über das Freihandelsabkommen mit den USA von der EU durch Gespräche über die Besteuerung von internationalen Konzernen zu ergänzen. Wenn sich Steuersparmodelle wie bei Apple oder Amazon durchsetzen würden, würden in absehbarer Zeit nur noch kleine Firmen Steuern zahlen, die auf nationalen Märkten aktiv sind.

Prioritär wäre freilich ein schlüssiges Alternativkonzept zum Kapitalismus zu entwickeln, wozu die Süddeutsche Zeitung vor einiger Zeit mehrere Modelle vorstellte. Diese Aufgabe ist notwendig, bevor die Banken die ganze westliche Zivilisation in den Abgrund reißen. Ein geeignetes Übergangsinstrument ist die Rechtsform der Genossenschaft deren Möglichkeiten bei weitem noch nicht ausgeschöpft sind.

Interessant in diesem Zusammenhang ist, dass die CDU Landtagsfraktion in Baden- Württemberg vor dem Regierungswechsel zu Kretschmann allen Ernstes erwog, eine Finanzierung nach islamischem Recht durchzuführen, um Zinsen zu sparen. Der leibhaftige Teufel soll den Frevel verhindert haben. Nur am Rande sei erwähnt, dass es auch im christlichen Bereich ein kanonisches Zinsverbot gab, das aufgegeben wurde, weil es der Entwicklung des Kapitalismus im Wege stand.

Free Parks

Im ewigen Wettlauf zwischen Kriminellen und den staatlichen
Ordnungshütern gibt es etwas Neues: die free parks.
Technisch perfekte große Depots für Kunstwerke am Rande
von Flughäfen zum Beispiel in Singapore, natürlich auch in der
Schweiz. Dort lagern nach Expertenschätzungen
Kunstgegenstände im Wert von 4 000 Milliarden Euro. Diese
wurden mit Schwarzgeld erworben und ruhen, bis die
Strafbarkeit der Steuerhinterziehung verjährt ist und werden
dann vermutlich mit Wertsteigerung völlig legal verkauft.
Thomas Steinfeld, Feuilletonchef der „SZ", meinte kürzlich:
die Kunst sei Trophäe und Krönung des Kapitalismus. Recht
hat er. Von Juncker kann das nicht kommen. Kann man ihn
doch gut mit röhrenden Hirschen im Wohnzimmer vorstellen.
Interessant: im Fernsehen jammerte ein Vertreter
Luxemburgs, sie bräuchten unbedingt auch einen Free Park,
Flugplatz sei vorhanden. Durch den Wegfall des
Bankgeheimnisses sei der Bankplatz Luxemburg so
geschwächt, so dass dringend ein Ersatz notwendig sei.

Abgeltungssteuer als Vermögenbildungsplan für Millionäre

Die Steuer ist den Menschen nie recht geheuer gewesen. Man
staunt aber, wie skrupulös man bei Ihrer Erhebung in
früheren Zeiten war.
40

Der berühmte mittelalterliche Heilige Thomas von Aquin stand vor der Frage, wie man zu seiner Zeit die Steuer moralisch rechtfertigen könnte. Er fand dafür die Formel „Kann Raub ohne Sünde geschehen?", was er für die Steuer schließlich bejahte.

Für die Abgeltungssteuer müsste Thomas von Aquin freilich ganz anders argumentieren, nämlich „Können Privilegien für Millionäre ohne Sünde geschehen", erweist sich diese Steuer doch vor dem unter Piketty geschilderten Hintergrund als Ungeheuerlichkeit und Wohltat für Vermögende. Worum geht es?

Um die Steuerhinterziehung zu dämpfen wurde die Abgeltungssteuer 2009 unter Steinbrück eingeführt und bestimmt, dass unabhängig vom persönlichen Steuersatz nur 25 % der Kapitaleinkünfte besteuert werden sollten. Dies geschah in der naiven Hoffnung, dass viele Steuerpflichtige auf Grund dieses Rabattes auf Steuerhinterziehung verzichten würden. Die kleinen Fische wurden bestraft, weil Werbungskosten nicht abgezogen werden durften, während die großen Mollis wohl auf den Rabatt verzichteten und die zu 45 % und mehr zu versteuernden Kapitaleinkünfte zu versteuern" vergaßen. „ Wie großzügig auch „Rot/ Grün" gegenüber dem Kapital sein kann zeigte sich auch an der Körperschaftssteuerreform von Eichel, die zu immensen Erstattungen an Unternehmen führte, sodass manche Finanzämter mehr auszahlten als einnahmen.

Man sollte nicht gleich Hoeneß oder Frau Schwarzer rufen . Die Steuermoral kannte schon viel prominentere Sünder.
41

Dem hochverehrten Bismarck erschien die damals 4 %
preußische Einkommensteuer als zu „eckig", und er gab nie
eine Steuererklärung ab. Hitler übrigens auch nicht. Schon
hier zeigt sich ein Denken wie „ wenn man so viel für ein
Land tut, wird man doch wenigstens……..", das noch heute
manche Berühmtheiten aus dem Establishment
kennzeichnet.

Durch die Transparenz des Geld –und Wertpapierverkehrs, zu
dem die Amerikaner mit Macht die Schweiz zwangen, wird
die Abgeltungssteuer spätestens 2017 überflüssig, wenn die
Kapitaleinkünfte wie andere Einkunftsarten auch nach dem
persönlichen Steuersatz versteuert werden müssen. Es ist
leider so, dass Finanzen und speziell die Steuern den Bürger,
sofern er nicht beruflich tangiert ist, kaum interessieren, so
dass sich gewaltige Schieflagen entwickeln können, die, wenn
sie bekannt werden, gesellschaftspolitisch sehr brisant
werden können. Etwas mehr Aufmerksamkeit dürfte sich
lohnen. Sagte doch schon Henry Ford :„Würden die
Menschen das Geldsystem verstehen, hätten wir eine
Revolution noch vor morgen früh."

Bei den Tagungen in Davos werden dementsprechend
neuerdings auch Themen wie soziale Unruhen behandelt.
Zumindest in Europa und Nordamerika wird es nicht zu
Hungerrevolten kommen. Die Gefahr von sozialen
Erhebungen werden global davon herrühren, dass das
Finanzsystem überdehnt wird , das heißt die Schere zwischen
Arm und Reich zu nicht mehr korrigierbaren sozialen
Missständen führt. Das ist jedem vernünftigen Menschen klar

aber nicht den Tätern und Nutznießern in der Finanzwelt , die
von dem Münchner Physiker und Philosophen Harald Lesch
zutreffend als verbrecherisch bezeichnet werden. Sollte es
aber zu einem großen Crash und Revolutionen kommen,
wird man die Schuld „den Linken" geben und nicht jenen, die
nicht maßhalten konnten.

Ein Faktor, der in diesem Zusammenhang oft übersehen wird,
ist die Macht und das Verhalten der übernationalen
Konzerne. Der schottische Politikwissenschaftler Crouch hat
den Begriff der Postdemokratie geschaffen und auf das
„befremdliche Überleben des Neoliberalismus „ hingewiesen.
Von den über 140 multinationalen Konzernen bleibt die
Demokratie formal unangetastet, aber sie läuft de facto
immer mehr leer. Für die Bürger, von denen das untere
Einkommenssegment ohnehin weit weniger zur Wahl geht als
das obere, und für den Staat, der auf seine Steuern
weitgehend verzichten muss, weil die „Multis" es verstehen
durch das internationale Steuerrecht und Verschieben ihrer
Gewinne ihre Steuern zu minimieren.

Trotz des eklatanten Missstandes hat die EU es noch nicht
geschafft, für Unternehmen EUweit den gleichen Steuersatz
einzuführen was zu massiven Wettbewerbsverzerrungen
führt.

Ziel jeden Unternehmens ist prioritär die Gewinnerzielung,
im Rahmen der Gesetze und der corporate governance.
Gefordert ist hier der Staat, der klare Regeln aufstellen muss,
und zwar nicht nur national sondern für die ganze EU.

Bei der Finanzkrise wurde deutlich, was bei der Deregulierung herauskommt. Es ist bezeichnend, dass an der Wallstreet die Regulierung schon wieder gelockert wurde.

Die Schnäppchenrepublik

Das Fehlen einer staatsbewussten Oberschicht in Deutschland zeigte sich schon daran, dass unsere " Elite" auf gekonnte Art sich vor der Wehrpflicht und dem Zivildienst drückte, wahrscheinlich weil diese Zeit ihr Wirken für die Gemeinschaft im Bundestag oder vergleichbar hohen Verwendungen allzu sehr verzögert hätte. Sehr kreativ soll dabei der spätere Minister Matthias Wissmann gewesen sein, der angeblich zum Nationalspieler in die Hockey Mannschaft aufgenommen werden musste, um der Einberufung zu entgehen, was keinesfalls so einfach ist und nicht immer geräuschlos geht.

Wie der Herr, so das Gescherr, lautet eine Weisheit, die nicht nur für Bayern gilt, und so darf man sich nicht wundern, dass die „cleverness" der Eliten auf den kleinen Mann durchschlägt. Das beste Beispiel dafür ist die Steuerehrlichkeit von den großen Tieren wie Hoeneß und Zumwinkel, über viele „mittelständische" Betrüger im Handwerk bis zum kleinen Mann .Volkstümlich formuliert könnte man sagen „jeder besch…. nach seiner Facon" oder präziser „wie er kann". Der eine behilft sich über

44

Steueroasen, der andere scheinbar kulant mit der Frage
„Brauchen Sie eine Rechnung, dann kommt die
Mehrwertsteuer noch dazu?"

Und der kleine Mann fährt oft zu viert zur Arbeit, wovon die
Parkplätze an der Autobahn zeugen, macht aber eine
Einzelfahrt geltend. Die Steuermoral fällt in Cascadenform,
wobei das Unrecht an der Spitze zur psychologischen
Rechtfertigung des Unrechts an der Basis dient.

Als Kuriosität muss bei diesem Thema noch die Auffassung
von Novalis (Friedrich von Hardenberg) zitiert werden, der
sich vor rund zweihundert Jahren zu folgendem Text
hinreißen ließ:

„Nur wer nicht im Staate lebt, in dem Sinne, wie man in seiner
Geliebten lebt, wird sich über Abgaben beschweren. Abgaben
ist der höchste Vorteil. Die Abgaben kann man als Besoldung
des Staats, das ist, eines sehr mächtigen, sehr gerechten, sehr
klugen und sehr amüsanten Menschen betrachten."

Novalis lebte von 1772 bis1801, als in Deutschland der Geist
allwärts blühte. Selbst die Finanzverwaltung muss sich damals
anders dargestellt haben. Als sein Zeitgenosse Jung- Stilling
eine Stelle an der Kameralschule zu Lautern, vergleichbar mit
der Tätigkeit an der Landesfinanzschule in Ludwigsburg,
erhielt, jubelte er, jetzt sei er „Fürstendiener und
Volksbeglücker „. So ändern sich die Zeiten.

Die Steuerehrlichkeit kann als Nagelprobe des
Staatsbewusstseins angesehen werden.

Immerhin verzichtet der Staat heute auf theologischen Psychoterror wie unter Herzog Karl Eugen, der in Württemberg zweimal im Jahr die Untertanen in der Kirche Steuerchoräle singen ließ, um sie zum Steuerzahlen zu motivieren und zum Schluss die Finanzbeamten mit den Worten "vor ihrer Treue und Fleiß lass mich, auch wenn sie werden wunderlich, gehorsam sein und dankbar. Amen", ins Gebet einschloss.

In der Praxis kann man die unterschiedlichsten Verhaltensweisen feststellen. Gemeinsamer Nenner : Sparen ist verpönt, beim Staat kommt's nicht darauf an. Allenfalls altersmäßige Unterschiede gibt es noch festzustellen. Alte Behördenleiter und Rektoren geben einen unverbrauchten Etat auch zurück, jüngere verwenden viel Phantasie darauf, was sie noch brauchen könnten.

Schon beim Bund kann man feststellen, wie verschwenderisch z.B. mit Übungsmunition umgegangen wird, und welche Sinnlosigkeit überall bei der Verwendung von Restmitteln zum Ausdruck kommt. Im Rahmen des Eingangsunterrichts für Anfänger im Öffentlichen Dienst müsste unbedingt auch Unterricht von Praktikern über den staatlichen Haushalt und seine Entstehung nicht nur aus formaler Sicht , sondern auch unter staatspolitischem Aspekt erfolgen, um Behauptungen zu widerlegen wie „der Staat hat immer Geld" oder „wenn dem Staat das wichtig ist, muss er dafür auch Geld haben". Das berüchtigte „Dezemberfieber" mit Ausgaben um jeden Preis, um Kürzungen im nächsten Haushalt zu vermeiden, ist durch die Übertragbarkeit von

Mitteln ins nächste Jahr weitgehend beseitigt. Die Finanznot hat aber zu neuen Formen der Torheit geführt, der abschnittsweisen Finanzierung zum Beispiel im Straßenbau, der zur Einstellung aller Arbeiten führt, wenn für einen Abschnitt die Mittel erschöpft sind. Gibt's wieder Geld, kann man den Bagger wieder rufen. Dass ein derartiges Verfahren per Saldo zu höheren Gesamtkosten führt, liegt auf der Hand. Solange den Ministern und sonstigen Bossen in der Verwaltung aber immer fristgerecht Unterlagen zu jedem Problem vorgelegt werden, werden diese Mängel auf dem Rücken der übrigen Bediensteten und der Allgemeinheit ausgetragen, und der oft sehr mangelhafte Zustand der Administration wird nicht deutlich.

Sehr teuer sind auch die ständigen Umplanungen im Schulbereich mit immer neuen Baumaßnahmen, wobei dem Kultusbetrieb insgesamt ein paar Jahre Ruhe und dann gründliche Auswertung nicht schaden würde. Abhilfe käme schnell, wenn die Rechnungshöfe nicht nur bellen, sondern auch beißen dürften. Viel mehr Standardisierung ist angesagt, und zumindest bei Vorsatz und grober Fahrlässigkeit konsequent auch Regress. An manchen Orten wurden Schulen entgegen der Planung und jeder Vernunft zusammengelegt   nur um den Schulleiter höher einstufen zu können. Genauso erklärt sich aber auch die Zusammenlegung vieler Gemeinden im Rahmen der Verwaltungsreform, nur um den Boss zum Big Boss zu liften.

In Deutschland werden zum Teil auch Ausstattungsstandards angelegt, die unverantwortlich sind, wie die Vorschrift in

Altenheimen, nur noch Räume für eine Person auszuweisen, was große und teure Umbauten erfordert. Man sollte sich daran erinnern, dass zumindest in Süddeutschland die morgendliche Toilette bis in die 60er Jahre bei den meisten Familien am Spülstein in der Küche stattfand, während heute selbst in Landgasthöfen Armaturen vorhanden sind, die von den Nutzern erhebliche Fertigkeit erfordern.

Nicht nur bei den Ausstattungsrichtlinien zeigt es sich, dass der Umgang mit fremdem Geld viel weniger Skrupel hervorruft als mit eigenem, was zur Herausforderung für die Rechnungshöfe werden sollte. Noch immer gilt für die Verwaltung   das Urteil, sie sei sparsam aber nicht wirtschaftlich.

Unternehmensberater – Macht ohne Verantwortung

Der Verfall der Moral ist   ein allgemeiner. Es lassen sich nur noch verschiedene Geschwindigkeiten feststellen.

Macht ohne Verantwortung war früher ein Privileg der Kurtisanen .Heute aber auch der Unternehmensberater .Dazu passt, dass diese hochbezahlte Berufsgruppe von bösen Zungen als geniale Blender bezeichnet wird.

Da hält der Unternehmensberater Roland Berger eine Festrede über europäische Werte, die in der FAZ gedruckt wird, während in einer anderen großen Zeitung zu lesen war, dass seine Firma die Regierung Assad in Syrien berate, wie sie ihr Image verbessern könne. Wie das zusammengeht? Richtig: Syrien liegt nicht in Europa! Aber vielleicht liegt er auch bei den europäischen Werten ganz falsch.

Die Angelsachsen mit ihrem moralinfreien" Umgang mit Geld wussten es schon immer: "money makes the world go round".

Im Übrigen lohnt es sich einmal, ein Licht auf die Unternehmensberater und ihre klangvollen hochkarätigen Firmen zu werfen, wozu eine trübe Funzel ausreicht. Sie tragen an der Verdichtung und Vergiftung der Arbeitswelt die Hauptschuld. Ihr geistiges Rüstzeug ist allein die Betriebswirtschaft, also im Grunde überhaupt keines, außer der Verherrlichung der Kostenrechnung.

Jeder Betrieb muss wirtschaftlich geführt werden, aber Einsparungen dürfen nicht nur auf Kosten der Belegschaft erreicht werden. Werden die Taktzeiten am Band immer mehr verkürzt, der zu versorgende Bereich der Krankenschwestern und Putzfrauen ständig erweitert, dann führt dies zwangsläufig zu gesundheitlichen Schäden, die jeder Arzt bestätigen kann, zumindest jeder Kassenarzt .Eine Folge ist auch, dass die Putzfrau um durchzukommen zwangsläufig auch im Krankenhaus nicht ausreichend putzen kann ,was der Hygiene nicht förderlich ist.

Die Zahl der Frühverrentungen im allgemeinen und aus psychischen Gründen im besonderen in der Wirtschaft steigt und steigt. Aber wen kümmert das? Hier zeigt sich die

„Meisterschaft" der Unternehmensberater, die Kosten aus dem privaten Bereich der Wirtschaft und der Unternehmen in den öffentlichen der Sozialversicherung und des Staates zu verschieben. So kommt es, wenn man nicht mehr das Ganze von Staat und Gesellschaft sieht, sondern nur noch kurzfristige Vorteile in Teilbereichen, und der Staat das Heft aus der Hand gibt zu Gunsten starker Lobbies aus der Wirtschaft. Ist es gleich Wahnsinn, hat es doch Methode. Seit Bismarck bewährte Grundsätze in der Sozialversicherung, wie die Halbierung der Beiträge zwischen Arbeitgebern und Arbeitnehmern, werden unter Merkel ohne Grund aufgegeben, wie bei der Krankenversicherung. Das heißt, der Grund ist mitzunehmen, was noch mitgenommen werden kann, auch wenn diese Einstellung dem Sägen auf dem Ast gleichkommt, auf dem man sitzt. Wie sagte die Marquise de Pompadour? „Nach uns die Sintflut", und das schon 1750, neununddreißig Jahre vor der Revolution.

Das Prinzip Unverantwortlichkeit

Wie auch bei der Abgeltungssteuer zeigt sich die Lebendigkeit des Bibelworts in Matthäus 25, 29 „nur dem Reichen wird gegeben", das, wie Insider versichern, ein Kennzeichen des deutschen Steuerrechts ist.

In der Postmoderne der achtziger Jahre, die für viele noch von dem Grundsatz „es kommt ja nicht darauf an" geprägt war, hieß es noch locker „anything goes", etwas läuft immer.

Wenn es nicht bald heißen soll „nothing goes" wird man mehr Verantwortungsgefühl brauchen, und um einen ganz altertümlichen Begriff zu benutzen, etwas mehr sittlichen Ernst. Der kürzlich verstorbene herausragende Münchner Soziologe Beck hat es auf den Punkt gebracht: unser System ist gekennzeichnet durch organisierte Unverantwortlichkeit. Niemand ist zu fassen. Banken verzocken Milliarden - Schuld hat niemand.

Doch jedes System besteht aus Individuen, auf deren Verhalten es ankommt. Deshalb braucht man auch kein Unternehmensstrafrecht, sondern muss die Handelnden herauspicken. Die Prozesse gegen die Herrn von der Deutschen Bank sind insofern ein Lichtblick.

Die „Macher" in Staat und Wirtschaft und all die Freunde der „action" machen am liebsten weiter, bis nichts mehr zu machen ist. Das ist auf manchen Gebieten wie den europäischen Finanzen in etwa unsere Situation. Auch hier ist es Sache der Intellektuellen, die Macher aufzuhalten und ihr vordergründiges Tun zu entlarven.

Die Emanzipation der Frau, eine der wenigen großen gesellschaftlichen Fortschritte seit 1945, darf nicht darüber hinwegtäuschen, dass man auch noch Männer braucht, die Mannhaftigkeit praktizieren und nicht schon von ihren Vorzimmerdamen nicht mehr ernst genommen werden. Wer

in Staat und Wirtschaft Schlendrian abstellen will oder
Reformen durchsetzen, darf nicht als Smiley daher kommen,
sondern braucht eine nachhaltige Sturheit mit dem Ziel fest
im Auge, denn der „Apparat" will keine Änderungen, auch
wenn sie noch so notwendig sind. Dies gilt erst recht für die
Politiker, die sich manchmal nur noch als Weihnachtsmann
gebärden, der auf Kosten der Allgemeinheit Geschenke
verteilt.

Auch der zweite positive Faktor in der Gesellschaft seit 1945,
das bessere Selbstbewusstsein der Jugend reicht nicht aus,
um gesellschaftliche Fortschritte zu erzielen. Der
Kriegsgeneration gelang es noch relativ leicht sich gegen ihre
Kinder durchzusetzen, solange diese" zu Hause noch ihre
Beine unter den Tisch streckten." Seit 68, Honnef und BaFöG
ist es aber aus mit dieser pädagogischen Brachialgewalt.

Mit der früheren Unabhängigkeit kommt aber
korrespondierend eine frühere Verantwortung die nicht
gleichermaßen beliebt ist.

Der Fluch der political correctness

Auf die Frage an einen jungen katholischen Pfarrer, bei einer
Veranstaltung warum die katholische Kirche sich so auf den
Abtreibungsparagraphen 218 konzentriere und zum Beispiel
die Lüge mit ihren oft verheerenden Folgen nicht öffentlich
anprangere, antwortete dieser irritiert: „Die Lüge, die Lüge
52

abschaffen, das geht nicht, darauf beruht unser ganzes System." Der Frager war erschrocken, wie er das aufzufassen habe, ob der junge Theologe das weltliche System meinte oder das kirchliche oder gar beide und war froh, dass das Programm weiterging und ihn davor bewahrte, in etwaige Abgründe zu blicken.

Schon Adenauer kannte ein gestaffeltes System von Lügen, von Diplomaten wie Talleyrand ganz abgesehen. Gehört Staatlichkeit und Lüge zusammen? Lügt der Staat manchmal aus existentieller Not, um sich zu verteidigen und keine Blöße zu geben, wie es ja auch Menschen zumindest im Katholizismus erlaubt ist als eine Art „Notlüge" in schwierigen Situationen? Man könnte es meinen, wenn man manchmal die Tatsachen kennt und sieht, wie es in der Presse steht.

Das Problem hat sich insofern entschärft, als die „political correctness" und viele Tarnbegriffe heute das Feld beherrschen, und man die direkte Lüge bei den staatlichen Verlautbarungen seltener braucht. Die political correctness, ein Begriff der erkennbar nicht aus dem Deutschen kommt, kann man von der Wirkung her als „ Legitimierung der Lüge" bezeichnen. Statt von „Flüchtlingen", mit denen man Not und Elend assoziiert, sprachen viele neutral und emotionslos von „Migranten", einem Begriff aus der EDV. Bis das Elend nicht mehr übersehbar war. Cooler geht's nicht.

Umgekehrt verpackt man mit dem Begriff „sozial schwach" geschickt ein Unwerturteil, als ob die Betroffenen selbst schuld an ihrem Schicksal wären und den ganzen Tag nur auf dem Sofa sitzen und fernsehen. Wer wenig Einkommen hat, ist nicht „sozial schwach" sondern arm, was ja auch eine Sünde ist, da dadurch der Konsum gemindert wird, der die letzte Aufgabe der westlichen Völker werden wird, aber immerhin die tröstliche Gewissheit bietet, dass man der Bevölkerung immer so viel Schotter geben muss, dass sie konsumfähig bleibt.

Eine Erkenntnis, die man füglich als „eisernes Lohn- und Konsumgesetz" bezeichnen könnte.

Wie verräterisch die Sprache manchmal ist, konnte man auch den Protokollen des Kuratoriums des Deutschen Historischen Museums in Berlin entnehmen. Hier war stets vom „Beirat für die gesellschaftlich relevanten Kräfte" zu lesen, als ob es in einer Demokratie auch gesellschaftlich nicht relevante Kräfte geben dürfe.

Einen Gauner muss man auch einen Gauner nennen dürfen, meinte der ehemalige Tagesschausprecher Ulrich Wickert treffend, und man muss sich die Frage stellen, was Martin Luther wohl zur Anmutung der political correctness gesagt hätte. Möglicherweise hätte er gar nichts gesagt aber mit dem Tintenfass geworfen.

Bei der „Political Correctness " ist auch der Begriff „Gender" zu nennen, der bei manchen Männern zu einem Adrenalinschock führt. Es sind die gleichen, die in juristischen Vorlesungen der 60er Jahre nichts dabei fanden, wenn Frauen als ein dem Manne wesensgleiches Minus bezeichnet wurden. Auch hier muss man von den Tatsachen ausgehen. Männer und Frauen sind gleichberechtigt, aber nicht gleich.

Da Frauen länger leben sind bei der Lebensversicherung für
sie auch günstigere Tarife angebracht. Andererseits gibt es bei
Männern viel mehr tödliche Arbeitsunfälle als bei Frauen,
wobei es absurd wäre zu behaupten, dass Frauen hier
diskriminiert würden. Im Übrigen gilt: vive la difference!

Wo ist Wahrheit?

Schon Pilatus quälte sich bekanntlich mit der Frage ab, wo im
Prozess gegen Jesus die Wahrheit sei.

Wie jeder ältere Mensch an sich selbst feststellen kann,
besteht das Erwachsenwerden in einem Prozess
fortlaufender Desillusionierung. Säugling und Kleinkind
vertrauen wenigstens in normalen Verhältnissen noch blind
ihren Eltern. Auch Lehrer und Schule werden außer bei
erkennbaren Blößen von den Schülern noch ohne Verdacht
auf Arglist gesehen. Mit wachsendem Verstand und
zunehmender Kritikfähigkeit wird der Mensch von seinem
überkommenen Gerüst an Wissen und Glauben getrennt,
ohne dass sich immer neue positive Erkenntnisse und
Gefühle einstellten, und es entsteht leicht ein junger, aber
schon zynischer Mensch, der das Gute nicht einmal mehr als
Möglichkeit ansieht und sein eigenes Leben als Beleg dafür,
dass der Einzelne nur noch als Objekt für betrügerische
Machenschaft dient. Diesen Eindruck kann man bekommen,
wenn man die Auseinandersetzungen von Migranten und

bildungsschwachen Mitbürgern mit betrügerischen Forderungen von unseriösen Firmen erlebt.

Es ist nicht einfach die Wahrheit aus den Medien herauszufiltern. So blieb es Jakob Augstein im „Spiegel" vorbehalten deutlich zu machen, dass die Griechenlandkrise für Deutschland ein glänzendes Geschäft ist, da mit jeder schlechten Nachricht auf den Finanzmärkten die Zinsen für deutsche Staatsanleihen fielen. Ersparnis für Deutschland seit 2010 nicht weniger als100 Milliarden. Der deutsche Michel, der nur noch mit gesenktem Kopf herumschleicht hätte sich gefreut, wenn er es mitbekommen hätte.

Es ist empörend, dass in unserer Gesellschaft, vor allem in der Politik, Lügen manchmal auch noch belohnt werden, wie bei Seehofers damaliger Wahlkampfaussage von der Maut nur für Ausländer. Bei der Europawahl hatte man aber den Eindruck, dass das berühmte bayrische Schulsystem sich inzwischen gegen die Regierung auswirkt, und die bayrische Bevölkerung sich zum Teil verweigert, wenn im Wahlkampf allzusehr geholzt wird. Zum Glück ist nicht ständig Wahlkampf.

Damit kommt man in die große Falschmünzerei der Wahrheit, den Medien. Nur ganz wenigen Lesern und Fernsehzuschauern wird immer bewusst sein, welche Lobby hinter welcher Meldung steht, und wie man die Nachrichten einordnen und relativieren muss. Für viele ist schon das unvermeidbare Relativieren eine Verfälschung der Wahrheit. Am liebsten hätten es auch heute noch viele, wenn man nur mit ganz kurzen klaren Aussagen an den Menschen

56

herantreten würde, wie in den zehn Geboten, aber selbst
diese hatten nur begrenzten Erfolg. Nach neuerer Forschung
werden ohnehin von den meisten Menschen nur kurze Sätze
aufgenommen. Viel erreicht wäre, wenn man im
Medienbereich jedes kommerzielle Interesse ausschalten
oder wenigstens durch Stiftungen zurückschneiden könnte.
Manche Kanäle im Rundfunk kommen diesem Ideal noch
nahe, keine bei den Privatsendern, und nur ganz wenige
Printmedien, wie die „Zeit" und die "Süddeutsche Zeitung".

Lügengebäude 1:

-Der Kalte Krieg – ein Musterfall staatlicher Propaganda und
„politischer incorrectness".

Im „kalten Krieg" wurde sehr viel gelogen aber zum Glück
nicht mehr geschossen. Gleichwohl gehört er zu den
unerfreulichsten Phasen der Geschichte in West und Ost. Die
Westintegration der Bundesrepublik durch Adenauer war
konsequent und richtig, da es kein „Mitteleuropa" im
bisherigen Sinne mehr gab bzw. die entsprechenden
Territorien im kommunistischen Machtbereich gelandet
waren. Während die Berliner Blockade als erstem Höhepunkt
des kalten Krieges durch die „Rosinenbomber" noch relativ
leicht beherrschbar war, kam es durch die Kubakrise 1962 fast
zu einem Weltkrieg. Kurz zuvor hatte der CIA mit
Exilkubanern eine Landung auf Kuba versucht, die fehlschlug.
Es folgte der Seetransport von russischen
Interkontinentalraketen mit Richtung auf Kuba und die

57

dramatischsten Szenen, die je im Fernsehen zu sehen waren..
Präsident Kennedy auf der einen Seite und Chruschtschow
auf der anderen gelang es, sich am Telefon noch zu
verständigen, und niemand, der es mitverfolgte, wird die
große Erleichterung vergessen, als die russischen Frachter
abdrehten.

In der Innenpolitik, vor allem der USA aber nicht nur der USA,
lief damals die Kommunistenjagd des Senators Mac Carthy,
der mehr oder weniger jeden Intellektuellen, vorzugsweise
Literaten, Filmschaffende und Schauspieler für verkappte
Kommunisten hielt und am Arbeiten hinderte. Ein unfreies
Klima der Denunziation entstand. In Deutschland gab es ein
einfaches Strickmuster, das für manche abgeschwächt noch
heute gilt, alles was jenseits von Mauer, bzw. Elbe und
Eisernem Vorhang war, war falsch und bös, diesseits alles
richtig und gut. Dabei gab es kuriose Wertungen. Als eine
Stuttgarterin aus Halbhöhenlage nach ihrem Geburtsort
gefragt wurde, sagte sie leicht errötend „Mährisch- Ostrau"
und fügte rasch hinzu ihr Vater sei im Krieg dort gewesen. Die
gegenseitige Verachtung der politischen Systeme begann sich
auf die Wertschätzung der Menschen zu übertragen, die im
Osten unter der Diktatur schon genug zu leiden hatten. Noch
heute ist die Teilung psychologisch nicht ganz überwunden,
wobei Ossis für manche de facto zu Menschen „zweiter
Klasse" abgestempelt wurden. Leider sind diese
Differenzierungen noch 25 Jahre nach der Wiedervereinigung
im Bewusstsein mancher Deutscher noch feststellbar. Die
Treuhand verursachte neue Ungerechtigkeiten, und Besitz
und Vermögen verteilten sich, kaum war die Grenze weg,

wieder recht ungleich. Die westdeutschen Kommunen hielten an ihren Partnerschaften im Westen und Süden fest . Selten kamen im Osten welche hinzu. Die Westdeutschen reichten ihren „Brüdern und Schwestern" nur zögernd die Hand. Gesamtdeutsche Ansätze wollten sich nicht mehr formieren. An Weihnachten eine Kerze ins Fenster zu stellen als Ausdruck der Solidarität, wie in den sechziger Jahren, so etwas hätte man gern wieder gemacht. Aber Begrüßungsgeld in harter Währung und Milliarden an Transferleistungen ? Bezeichnend ist die Aussage der Frau eines schwäbischen Politikers: „Es war Zeit, dass die Mauer wegkommt, aber ein Mäuerle hätte man stehen lassen sollen".

Wie schnell die Medien wieder in den Ungeist und die Terminologie des Kalten Krieges fielen, zeigte sich in der Berichterstattung über die Ukraine. Die Geschütze waren alle noch in der gleichen Stellung.

Die übelste Frucht des Kalten Krieges war, wie Schirrmacher eindrucksvoll darlegt, dass das militärische Denken, dem Gegner den reinen Eigennutz zu unterstellen, zum gesellschaftlichen Grundprinzip auch nach dem Kalten Krieg wurde und als Richtschnur für alles menschliche Handeln betrachtet wurde. Obwohl der Betrieb in der Kultur weiterlief und die Verarmung des Denkens von vielen bis heute nicht bemerkt wird, wurde damit im Grunde die ganze Kultur und Geistesgeschichte der Menschheit zumindest der westlichen Welt als obsolet angesehen. Für die Wallstreet und die City of London braucht man keinen geistigen Überbau. Die Deutschen waren mit der Wiedervereinigung beschäftigt und übersahen, dass das Erfolgsmodell „soziale Marktwirtschaft" ohne tam tam aber intensiv durch das Modell „Neoliberalismus" ersetzt wurde.

Lügengebäude 2:

-Der Kosovokrieg

Die Bombardierung Jugoslawiens 1999 war eine militärische Operation der NATO außerhalb ihres Gebietes (out of area). Der Krieg war völkerrechtswidrig, da er gegen das Gewaltverbot verstieß, und es sich nicht um einen Fall von Selbstverteidigung handelte. Ei ne Ermächtigung des UN – Sicherheitsrates lag nicht vor. 14 Nato Staaten, darunter Deutschland, nahmen teil. Begründet wurde der Angriff als humanitäre Intervention zum Schutz der kosovo-albanischen Zivilbevölkerung vor Übergriffen der serbischen Armee und Polizei. Druck seitens der Amerikaner war unverkennbar.

Seit damals d.h. schon 15 Jahre ist mehr als ein Bataillon Bundeswehr ständig dort stationiert, damit es zu keinen gewaltsamen Auseinandersetzungen mehr kommt. Die Kosten trägt der Steuerzahler.

Durch die Teilnahme an diesem Krieg hat die damalige rot-grüne Bundesregierung ihre außenpolitische und militärische Unschuld verloren, was Schröder und Fischer im linken Lager geschadet hat.

Zur psychologischen Vorbereitung der Bevölkerung traten im Fernsehen renommierte Sozialdemokraten auf, selbst der sonst redliche Erhard Eppler, die betonten, dass der Angriff aus humanitären Gründen dringend notwendig sei.Die Weigerung der Bundesregierung, sich am Krieg gegen den Irak zu beteiligen, dürfte auch von der Erfahrung mit dem Kosovokrieg herrühren, bei dem insbesondere durch die deutsche Luftwaffe große Schäden verursacht wurden.

Lügengebäude 3:

-Afghanistan – ein Lehrstück aus mancherlei Sicht

Nach einer Weisheit, die den Jesuiten zugeschrieben wird, hat Gott den Menschen die Sprache geschenkt, damit sie dadurch ihre Gedanken besser verbergen können. Wie geschickt man die Sprache einsetzen kann, um die Wahrheit zu verbergen, zeigte auch der Krieg in Afghanistan. Hier galt es schon als äußerst mutig, als Minister von Guttenberg die Bezeichnung „Krieg" überhaupt in den Mund nahm. Sein Vorvorgänger Struck begründete diesen Krieg mit dem legendären Ausspruch „unsere Freiheit wird auch am Hindukush verteidigt." Jetzt, wenn die Bundeswehr und die anderen westlichen Truppen abziehen, stellt sich die bange Frage, wer das Kommando übernimmt und unsere Freiheit in dieser Region in Zukunft verteidigt. Oder war das auch nur so ein politischer Spruch? Es stellen sich bei diesem Krieg noch viel mehr Fragen. Schon in den zwanziger Jahren fragten sich die Schlagerfreunde, was macht der Meier am Himalaya? Aber die Bundeswehr gar am Hindukusch? Wenige Jahre zuvor hatten die nicht gerade zimperlichen Russen den Krieg dort wegen mangelnder Erfolgsaussichten eingestellt, und auch die Engländer hatten noch viel länger zuvor den Kampf in diesem Gebirge nicht für sich entscheiden können.. In Afghanistan sollte in Zusammenhang mit dem Terrorangriff am 9. September 2011 Taliban verfolgt werden, die sich aber, wie Todenhöfer und Scholl – Latour betonten, gar nicht dort befanden. Aber die Bundeswehr wurde dafür ausgesehen sie zu bekämpfen mit ihren Natokameraden, nur schlechter ausgerüstet und auf die richtigen Hubschrauber zum Beispiel so lange warten zu müssen, bis der Krieg zu Ende war. Ausgerechnet die Bundeswehr, die jahrzehntelang nur Frieden erlebt hatte und deren Soldaten sich selbst im Kalten Krieg damit moralisch rechtfertigen konnten, dass sie allenfalls in Notwehr eingesetzt würden. Der Einsatz in Afghanistan, sagte der immer etwas blass, um nicht zu sagen blasiert wirkende Verteidigungsminister de Maizière sei aus „Bündnistreue" notwendig geworden. Auch der Erste Weltkrieg war bekanntlich aus „Bündnistreue" entstanden , hatte viele Millionen militärischer und ziviler Opfer gekostet und Europa so geschwächt, dass es seine Rolle in der Weltpolitik auf Dauer verlor. Mit den USA verbündet zu sein, könnte noch manchen Einsatz notwendig machen, der „eigentlich" nicht notwendig gewesen wäre. Da ist Exkanzler Schröder zu loben, der im Irakkrieg, einer Glanzleistung der USA , die Bündnistreue schlicht verweigerte. Der Einsatz in Afghanistan kostete 55 deutschen Soldaten das Leben, und wieder griff die Staatsführung wie in früheren Kriegen zu dem Tarnbegriff, sie wären „gefallen", als ob sie nur gestolpert wären und wieder aufstehen könnten. Drei der getöteten Grenadiere waren aus der Garnison Regen im Bayrischen Wald. Von einer lebenskundlichen Tagung Regener Offiziere und Unteroffiziere im Kloster Niederaltaich zu dem gerade für Soldaten sehr wichtigen Thema „Die Auferstehung und das ewige Leben" wird berichtet, die Vertreter der beiden Kirchen hätten sich sehr bemüht, seien aber entgeistert gewesen als zum Schluss ein niederbayerischer Feldwebel ausführte, beim Bund hieße es, jede Einheit sei so gut wie der Einheitsführer, der größte Einheitsführer auf der Welt sei aber der liebe Gott´, und ausgerechnet der habe den größten Sauhaufen beieinander. Offensichtlich hat der liebe Gott auch in Afghanistan nicht aufgepasst. Wie stellt sich, muss man auch fragen, die „Bündnistreue" zu den vielen Afghanen dar, die mit der Bundeswehr als Dolmetscher und vielfältigen anderen Aufgaben zusammengearbeitet hatten und jetzt den Taliban geopfert werden, soweit sie nicht wegen des äußerst peinlichen Bildes in der Öffentlichkeit zum Teil doch noch mit nach Deutschland durften .Ein Vorgang, der an das Schicksal der Wlassowarmee erinnert. Diese Kosakentruppe unter General Wlassow kämpfte mit der Wehrmacht gegen die Sowjetische Armee und geriet bei Kriegsende in englische Gefangenschaft, wobei die Engländer nichts besseres wussten, als sie geschlossen an die Sowjetische Armee auszuliefern. Die Liquidierung vor Augen begingen die meisten Kosaken Selbstmord. Die ersten Morde an früheren Mitarbeitern der Bundeswehr in Afghanistan soll es schon gegeben haben.

Auffallend bei den westlichen Truppen in Afghanistan, dem Irak und anderswo ist die hohe Zahl von Selbsttötungen in den Kampfeinheiten, die offensichtlich von der moralischen Berechtigung ihres Kampfauftrages selbst nicht immer ausreichend überzeugt sind. Hinzu kommt die große und manchmal sehr lange Entfernung von Familie oder Freundin, zumal die Auslandseinsätze immer häufiger und länger werden.

Auch scheint es die Bundeswehr mit der Fürsorgepflicht nicht zu übertreiben, liest man doch häufig , dass Beihilfeanträge der Soldaten zu Krankheitskosten monatelang nicht zur Auszahlung kommen, was manchen Unteroffizierhaushalt tief in den Dispositionskredit drücken dürfte.

Kann man widersprechen, wenn   Frau Käßmann sagt „nichts ist gut in Afghanistan"?

Vielleicht hätte man es machen sollen wie die Österreicher, die nur drei Soldaten nach Afghanistan geschickt hatten. So spart man Blut und Geld.

Die Einsatzkosten für diesen Krieg von 7,4 Milliarden wären im Übrigen im größten Fond im Haushalt, dem Fonds perdu zu buchen.

Der Krieg in Afghanistan dürfte der erste in der Weltgeschichte gewesen sein, in dem während des Verlaufs und ohne dass auch nur ein Ziel erreicht worden wäre, schon das Ende festgesetzt und öffentlich bekannt gemacht wurde,

wobei sich die Frage aufdrängt, warum man überhaupt
angefangen hatte.

Lügengebäude 4:

-Hybride Kriege – Krim und Ukraine

Als Beispiel wäre hier die Auseinandersetzung um die Krim
und die Ostukraine zu nennen. Putin zeigte, dass er auf dem
modernsten Stand der militärischen Doktrin ist während der
CIA auf dem Maidan traditionell stümperhaft operierte.
Obamas Beleidigung Russlands als kleine regionale Macht
befeuerte den Konflikt, legt Russland doch Wert darauf, mit
„Sie" angesprochen zu werden. Hier steht schlimmes bevor.
Hybridekriege   und Cyberkriege kennen keine Front. Es hilft
nur ein weltweites System von cheques and balances.
Vertrauensbildende Maßnahmen wie damals in der
Ostpolitik sind notwendig, keine Diskriminierungen und
Diffamierungen und kein Number One Geschrei.

Die Osterweiterung der NATO an die russische Grenze war
keine vertrauensbildende Maßnahme sondern ein
Bubenstück und konsequent aber falsch wie die
amerikanische Idee, schwere Waffen für 5000 Soldaten an
diese Grenze zu verlegen. Nur so weiter. Alte Soldaten
werden sich fragen, wie viel Minuten im Kriegsfall so eine
Stationierung einen Gegner aufhält. Leichter zu beantworten
ist die Frage, was dies im Frieden bewirkt: militärisch weitere

Instabilität, Verärgerung Putins und Anlass für neue Gegenmaßnahmen.

Schon wird unsere schmucke Verteidigungsministerin als Sprecherin des Weißen Hauses bezeichnet, so what.

Die beste vertrauensbildende Maßnahme im Nahen Osten wie im Fernen Osten und überall ist, den Völkern eine ausreichende Versorgung mit Nahrung und Kleidung zu ermöglichen, was schon Schiller als essentiell für die Menschenwürde ansah, auch wenn damit einmal kein „Geschäft" verbunden wäre.

Wie wenig man aus dem Abenteuer Afghanistan gelernt hat zeigt, dass man jetzt glaubt, Frankreich in Syrien unterstützen zu müssen.

Die große Inkubationszeit

Wir sind mitten in ihr drin. Vorsicht ist geboten. Jedem halbwegs wachen Zeitgenossen fällt auf, dass sich die Erde seit einiger Zeit schneller zu drehen scheint, und man den Eindruck hat, dass Veränderungen bevorstehen, deren Art und Umfang aber noch nicht konkret erkennbar sind. Was die Büchse der Pandora im Einzelnen enthält, ist zwangsläufig nicht vorhersehbar. Was aber schon jetzt feststeht ist, dass unsere Demokratie und das Parteienwesen sich schon jetzt anders darstellen als über Jahrzehnte gewohnt und viele jahrzehntelang gültige Grundsätze immer weniger glaubwürdig wirken, obwohl die Politik den Wein immer noch in die alten Schläuche gießt. Der immer überschätzte Abgeordnete Merz definierte Demokratie als Produkt gleicher, geheimer, allgemeiner, direkter und freier Wahlen. Von diesem schlichten Denken her ist die Demokratie freilich noch die gleiche wie in den 50er Jahren.

Doch schon vor Jahren prägte der schottische Politikwissenschaftler Crouch den Begriff „Postdemokratie", der sich inzwischen durchgesetzt hat für eine Demokratie, die ohne rechtliche Änderungen der Verfassung nicht mehr von und für die Bürger gestaltet wird, sondern von internationalen Konzernen, die sich jeder nationalen Kontrolle entziehen und steuerlich so geschickt operieren, dass sie kaum Steuern bezahlen. Hierzu seien nur Apple, Google, oder Amazon als Speerspitze des Neoliberalismus genannt. Luxemburg ist die steuerliche Heimat dieser Firmen deren Nutzen für die Menschheit noch nicht feststeht.

Gleichzeitig wurden kommunale und Landeseinrichtungen privatisiert nach dem Motto Privatisierung der Gewinne und Sozialisierung der Verluste.

Wie aus Berlin zu hören ist, soll der Unfug fröhlich weitergehen und der Straßen - und Autobahnbau privat finanziert werden, was zwangsläufig zu Verteuerungen führt.

Sieht man als Kernkriterium einer staatlichen Demokratie das Recht über den eigenen Haushalt an, so hat sich durch die Fiskalunion auf europäischer und die Schuldenbremsen auf nationaler und föderaler Ebene eine völlig neue Situation ergeben, wobei die Fiskalunion schon als „Staatsstreich von oben" bezeichnet wurde.

Diese Veränderungen wurden ungeachtet ihrer weitreichend en staatsrechtlichen Bedeutung in Deutschland kaum thematisiert.

Dies gilt auch für den Verlust der politischen und moralischen Substanz bei den Parteien und Politikern, die nicht nur im Italien Berlusconis, sondern auch bei uns von Dekadenz geprägt ist. Wie in der Antike gilt „ein goldener Esel übersteigt jede Stadtmauer".

Bös könnte man formulieren: Korruption gehört überall zu den Allgemeinen Geschäftsbedingungen.

Noch heute nach rund einhundert Jahren sind herausragende Politiker der Weimarer Republik, wie Erzberger, Rathenau, Stresemann, Naumann oder Ebert Namen mit Klang, was man heute nur von ganz wenigen Politikern sagen kann.

In der Bundesregierung fällt auf, dass im Gegensatz zu früheren Kabinetten weder Wissenschaftler noch Führungskräfte aus der Wirtschaft zu finden sind. Wissenschaftliche Reputation scheint sogar Grund für Beleidigungen zu sein, wie die Abqualifizierung Kirchhofs als „Professor aus Heidelberg" durch Schröder vermuten lässt.

Der Berliner Regierungsstil von Frau Merkel ist keineswegs Ausdruck von Dekadenz, obwohl sie ein Bild der russischen Zarin Katharina II. auf dem Schreibtisch hat. Er ist aber zumindest sehr gewöhnungsbedürftig und erinnert manchmal an einen Kasernenhof mit Frau Merkel als Kompaniefeldwebel, die zu klassischen CDU Themen wie der Atomkraft befahl: „Atompolitik, CDU, auf dem Absatz kehrt!" und die CDU folgte willig, war es ihren Anhängern doch immer recht, wenn einer voraus ging und die Richtung angab. Stattdessen wurde mit einem Hauruck die Energiewende befohlen. Noch heute sind klare Linien und ein Masterplan nicht erkennbar.

Genauso ging es mit der Wehrpflicht, einem anderen klassischen CDU Thema. Trotz des smarten gelierten Verteidigungsministers der selbst der KuK Monarchie zur Zierde gereicht hätte, bedurfte es nur eines Federstriches, um die Wehrpflicht abzuschaffen. Hier wäre der richtige Zeitpunkt gewesen eine allgemeine Dienstpflicht einzuführen. Intelligenz kann der Kanzlerin niemand absprechen, und im Kreis der europäischen Regierungschefs ist sie sicher ein intellektuelles Schwergewicht. Ihr großer Wahlerfolg bei der Bundestagswahl im Herbst 2013 beruht freilich auf anderen Aspekten. Der Feuilletonchef der staatstreuen FAZ schrieb am Tag vor der Wahl: Die große politische Leistungsverweigerung. Ausgerechnet im Bundestagswahlkampf erleben wir eine gedankliche Unschärfe, eine fehlende Struktur und eine bemerkenswerte intellektuelle Faulheit. Die seelischen Nöte, die Sorgen und Aggressionen der Bürger finden keinen Ausdruck.

Aber genau dies war das Erfolgsrezept! Der hohe Wahlsieg der CDU und der Kanzlerin kam nicht von einer

herausragenden Leistung in der abgelaufenen Wahlperiode
sondern aus einer Schutz- und Fluchthaltung der Wähler. Sie
strebten Mutti Merkel zu, so wie es in dem Marienlied heißt:
„Maria breit den Mantel aus, mach Schirm und Schild für uns
daraus, lass uns darunter sicher stehen, bis alle Stürm
vorübergehen."

Kein Problem war gelöst, weder die europäische Finanzkrise
noch die Energiewende, bei der besonnene Volkswirte zum
Rückzug raten.

Zurück zur Atomkraft sollte nach mancher Meinung global
die Lösung sein, was den Deutschen zu recht nicht passt, ist
doch die Entsorgung so ungelöst wie am ersten Tag. Die
verseuchten Fässer dümpeln in der Asse und als Endlager
bräuchte man eines, das für Millionen Jahre Schutz vor
Radioaktivität bietet. Die Atomkraft ist ein Paradebeispiel für
die Unfähigkeit des menschlichen Denkens, wenn es von
finanziellen Interessen überlagert wird. Irgendwann, meinten
wohl die Verantwortlichen, wird den Menschen hierzu schon
etwas einfallen, und Atomkraft ist ja auch viel billiger.

Zum Casting der Eliten

Interessant ist, wie die Besetzung der politischen
Spitzenpositionen manchmal erfolgt, gibt es dafür doch keine
casting Büros. Nicht selten regiert der Zufall.

Kauder war Beamter beim Landratsamt Tuttlingen und
wohnt e nur wenige Kilometer vom headhunter Teufel in der

Provinz, wo Loyalität seit jeher mehr zählt als Kompetenz. Teufel war es auch, der Frau Schavan als Kultusministerin für Baden- Württemberg entdeckte. Vertraut mit der Philosophie des mittelalterlichen Bischofs von Brixen und Gelehrten Nikolaus von Kues, politisch ein unbeschriebenes Blatt. Sie gehörte zur Fronde gegen den damaligen Ministerpräsidenten Oettinger, den es im Auftrag ihrer Berliner Freundin Angela wegzubeißen galt. Was warf man ihm nicht alles vor. Sein Kalaschnikow Schwäbisch, die eckige Nase, liberale Sitten gar, was man geflissentlich übersah, war seine effiziente Reduzierung der Staatsschulden.

Als wertorientierte Politikerin maß sie sich auch einen entsprechenden Eigenwert zu. Als sie einmal von Stuttgart nach Zürich musste - eine ICE Strecke von etwa zweieinhalb Stunden Fahrt - ließ sie sich dafür aus Berlin von der Flugbereitschaft des Bundes einen Hubschrauber kommen.

Immerhin verursachte sie einmal einen originellen Eingang in der Dienstpost des Autors. Ein Schweizer Journalist hatte Fragen zum Johann-Peter-Hebel Literaturpreis und fragte am Ende seines Briefes höflich, ob die Kultusministerin indischer Abstammung sein könne. Er kenne zwei indische Kongressmitglieder genau gleichen Namens. Der Autor schickte eine Kopie an die Zentrale des Kultusministeriums, die nach Mahnung antwortete, die Ministerin nehme zu Fragen ihrer Abstammung nicht Stellung. Jetzt was ?

Kein Wunder, dass eine so starke Frau auch G 8 gern durchsetzte. Wobei wie bei den KITAS die Frage auftaucht, um wessen Wohl es eigentlich geht. Muss der Staat

gehorchen, wenn der Wirtschaft die Ausbildung der Schüler
zu lange geht, und müssen gegen den Rat aller Kinderärzte
ein- und zweijährige in den Kitas gelagert werden, wenn
Bedarf für Frauen im Erwerbsleben besteht? Da kann man
schon nachdenklich werden, wer letztlich das Sagen hat.

Leichter wird das Casting , wenn man auf Persönlichkeiten
aus früheren Kabinetten zurückgreifen kann, wie bei Frau von
der Leyen. Schon als Ministerin für Arbeit hatte sie eine
furchterregend hohe verbale Feuergeschwindigkeit, die in
ihrem neuen Amt dazu führen könnte, dass süddeutsche
Soldaten sofort in Deckung gehen, wenn sie zu reden anfängt.

Eine vertraute Persönlichkeit im Berliner Kabinett ist auch
Finanzminister Schäuble. Durch ein Attentat an den Rollstuhl
gefesselt führt er ein heroisches Leben, das höchsten Respekt
gebietet. Als Finanzminister dreht er aber verbale Pirouetten
von eindrucksvoller Unverbindlichkeit und erinnert dabei an
die Listigkeit und Knitzheit der Schwarzbrenner in seiner
Heimat.

Die zweite bürgerliche Partei, die FDP, ist aus dem
Personalkarussell herausgefallen und Opfer ihrer
Grundsatzlosigkeit geworden .Fast zweihundert Jahre prägte
der Liberalismus vor allem den deutschen Südwesten bis er
unter Westerwelle mit seiner boygroup zu einer reinen
Klientelpartei herabsank . Snowden gab der Partei der
Privatheit noch eine Steilvorlage, die aber nicht aufgegriffen
wurde. Warum eigentlich nicht?

Bei den Grünen zeigt sich das Problem, wenn das Gedankengut einer Partei zum Allgemeingut wird, wie es bei der Ökologie der Fall ist. Ihr Matador Kretschmann könnte in die erste Reihe der Ministerpräsidenten in Deutschland aufsteigen, wenn seine Partei es zulässt.

Gysi beeindruckt trotz angeblichen „politischen Vorstrafen" in der DDR viele, weil seine Art zu argumentieren im Bundestag selten geworden ist.

Auch die SPD als traditionsreichste und älteste deutsche Partei hat sich substantiell verändert .Schröder, der „Genosse der Bosse" mit seiner Vorliebe zu feinem Zwirn, hat mit der Agenda 2010 zwar die deutsche Wirtschaft gepusht , andererseits das klassische Arbeitermilieu der Partei enttäuscht und mit seinem gutbezahlten Job bei Gazprom und der Einstufung von Putin als „lupenreinem Demokraten" unverzeihliche Fehler gemacht. Scharping war als Verteidigungsminister eine originelle Besetzung, unbeholfen schon wenn er eine Front angetretener Soldaten abschreiten musste , als Kanzlerkandidat nur für ganz Linientreue ernst zu nehmen. Bei Gabriel ist dies anders, stellt er in der schwarz roten Koalition doch eine geballte Ladung dar und sorgt mit Frau Nahles für die Parität des Kurzfristdenkens mit der CDU. Was den einen die Rente mit 63 ist den anderen die Mütterrente. Beides gegenwarts - und wahltauglich aber in Zukunft nicht finanzierbar. Und angesichts der demographischen Zukunftsprobleme und der Flüchtlinge ein Riesenschritt in die falsche Richtung. Doch kommt es darauf noch an? Geht es den heutigen Politikern nicht mehr nur

darum, die nächste Wahl zu gewinnen und die Probleme
weiter zu schieben? An Problemen wird es nicht fehlen. Noch
ist Deutschland ein im Wesentlichen funktionierender, vom
Ausland beneideter Staat, und man sollte sich auch keine
Sorgen „auf Vorrat machen". Doch gibt es von außen und
innen Entwicklungen, bei denen gegengesteuert werden
muss, und die nicht weitergehen dürfen. Von außen d.h. von
anderen Ländern wie China dürften die Importe vom
Exportweltmeister Deutschland zurückgehen.

Was aber am meisten Sorge macht, ist die soziale Entwicklung
in Deutschland selbst, die durch die Rentenbeschlüsse der
Großen Koalition nicht verbessert , sondern langfristig noch
gravierend verschlimmert wird.

In Deutschland geht es darum, dass in absehbarer Zeit dreißig
Millionen Menschen, mit Angehörigen wohl über vierzig, das
heißt, die Hälfte der deutschen Bevölkerung ohne
ausreichende materielle Versorgung leben müssen. Dazu
gehören sieben Millionen Minijobber, über sieben Millionen
in Hartz IV, sieben Millionen Menschen mit unzureichenden
Renten, vor allem Frauen, und über sieben Millionen
Analphabeten und Schulabbrecher. Vier große Gruppen, die
sich zum Teil überschneiden, insgesamt aber eine durch die
Flüchtlinge immens verstärkte Sprengkraft darstellen, die
sich wenige klar machen.

Steinbrück, der viel besser schreibt als spricht, hat in seinem
Buch „Unterm Strich" auf die von Sozialwissenschaftlern
schon jetzt voraussagbaren Unruhegebiete im Ruhrgebiet
hingewiesen. Vielleicht gibt es auch bei uns einmal ein

Tottenham, wenn „überflüssige Menschen und
Kostenverursacher" sich auf ihr Menschsein besinnen und auf
ihre Menschenwürde oder gar das Christentum berufen und
laut protestierend durch die Fußgängerzonen marschieren.
Es wird dann nicht reichen, sie als Kriminelle zu bezeichnen
wie es Cameron tat. Inzwischen soll es in England jeden Tag
bzw. jede Nacht brennen. Noch gilt bei uns der amerikanische
Begriff der „social tolerance" nicht, der bedeutet, dass man
cool bleiben soll, wenn neben uns jemand die Abfalleimer auf
dem Bahnhof untersucht und dabei zusammenbricht. Das
Christentum hat bei uns als Religion keine verpflichtende
Breitenwirkung mehr, aber ein Rest an sozialer
Verantwortung und zumindest ein schlechtes Gewissen ist
noch bei vielen spürbar.

Weltweit stellt sich das Problem der „überzähligen
Menschen" noch viel gravierender. Stieg doch die
Weltbevölkerung von drei Milliarden in den Fünfzigerjahren
des letzten Jahrhunderts auf heute über sieben mit noch
steigender Tendenz. Verschuldet nicht zuletzt von der
katholischen Kirche mit ihrem Verhütungsverbot bis zu
Geburtenwettbewerben zwischen muslimischen und
christlichen Geburten in afrikanischen Dörfern. Ein Freund
des Autors der im Auftrag der UNO die ganze Welt bereiste,
sagte zu ihm für die „überzähligen Menschen" in Deutschland
hätte er auch kein Rezept, was die Reduzierung der
Weltbevölkerung insgesamt angehe, hätte er auf einem
Kongress die amerikanische Meinung dazu kennengelernt:
„active sanitation" das heißt Krieg, oder „passive sanitation".
das heißt verhungern lassen. So einfach ist das, wenn man

pragmatisch an die Probleme herangeht, und man braucht
nicht einmal Atombomben.

Bei derartigen Problemen stellte er sich manchmal vor wie die
verantwortlichen Politiker in Berlin und anderswo ihren
Frieden im Schlaf finden würden und entsprechend zur neuen
Vokabel des „Fremdschämens" ersann er den Begriff des
„Fremdträumens" für ein unruhiges Schlafen, bei dem sich
der Schläfer herumwälzt und auf den ersten Hahnenschrei
wartet, wobei er nicht wusste, ob es in Berlin im
Regierungsviertel überhaupt noch Hühnerhaltung gibt.

Erosion der konservativen Substanz

Am augenfälligsten ist die Aushöhlung der konservativen
Substanz bei der baden-württembergischen CDU, die unter
Mappus zur Selbstversenkung dieser Partei im Musterland
Baden- Württemberg führte. Erhard Eppler hatte Mitte der
siebziger Jahre ein kleines Buch geschrieben mit dem Titel
„Ende oder Wende". Schon zuvor hatte 1975 der Physiker
und CDU MdB Herbert Gruhl in seinem Buch „Ein Planet
wird geplündert " für einen verantwortungsvollen Umgang
mit der Umwelt und den natürlichen Ressourcen plädiert .Er
erhielt bei big boss Kohl nicht einmal einen Termin zur
Vorsprache. Auch Biedenkopf wurde immer kalt gestellt:
Diagnose: zu intelligent und zu kompetent.

Der „elastische" Umgang mit Recht, Gesetz und Verfassung,
der in der Finanzkrise in Berlin mit dem Bruch der
Maastrichter Verträge durch die Regierung Schröder begann,
bekam in Stuttgart noch eine Steigerung, als Mappus an
Landtag und Finanzminister vorbei, fast nach Art eines
Spezerlgeschäftes, mit seinem Parteifreund Notheis die
EnBW Anteile erwarb. Wer so locker mit der Verfassung
umgeht , verspielt seinen eigenen Kredit und gefährdet die
Rechtstreue der Bevölkerung.

Verhält sich die Spitze des Staates und die Oberschicht nicht
korrekt, betrachtet die Bevölkerung dies als Freibrief, sich
ebenso zu verhalten, was zwar juristisch nicht korrekt,
psychologisch aber verständlich ist.

Auch bei Stuttgart 21 geht es im Grunde nicht nur um
technische Fragen.

Der Volkszorn richtet sich auch dagegen, dass der
Gesellschaft ,die über die Bauten auf den Gleisen verfügen
soll, prominente Vertreter der Projektbetreiber angehören
sollen, was dem Ganzen nicht nur ein Geschmäckle gibt,
sondern einen ganz üblen Geschmack. So drängt sich der
Verdacht auf, dass es zwar noch den Begriff
„wertkonservativ" gibt aber kaum jemand, der diese
Zuordnung noch verdient.

Technische Aspekte sind heute meist nur vorgeschoben. Man
will nicht Effizienz sondern Hypereffizienz und, wer dies
ablehnt, den bestraft gewissermaßen die Börse. Kaum ist
eine technische Lösung auf dem Markt, verlangt der

Wettbewerb eine bessere, aber nur angeblich. In Württemberg lebte man gut und kostengünstig mit der Feststellung „ des Alte tuts no". Diese Einstellung war nicht wachstumsfördernd aber sparte Kosten. Der Soziologe Rosa hat dargelegt, dass dieses Prinzip die eigentliche Ursache der Hektik ist, an der der Westen leidet. Die Strecke Los Angeles-San Francisco , für die der Zug sechs Stunden braucht , soll jetzt durch eine Art menschlicher Rohrpost revolutioniert werden, Züge ,die nur eine halbe Stunde benötigen. Hervorragend! Dringend erforderlich! Im Kampf um den besten Start an der Ampel und im Ärger um verlorene Minuten im Stau sollten wir uns an die Weisheit des gemütvollen schwäbischen Dichters und Arztes Justinus Kerner aus Weinsberg erinnern, den schon beim Aufkommen der damals noch gemütlichen Eisenbahn ein böses Gefühl beschlich. Seine Mahnung aus dem Gedicht „Im Eisenbahnhofe" sollte allen Tempofanatikern bewusst sein.

„Fahr zu, o Mensch! Treib's auf die Spitze,

vom Dampfschiff bis zum Schiff der Luft!

Flieg mit dem Aar, flieg mit dem Blitze,

Kommst weiter nicht als bis zur Gruft!"

Mappus kam übrigens keineswegs durch einen Staatsstreich in Baden- Württemberg zur Macht, sondern wurde, was die Sache eher noch peinlicher macht, von der CDU Landtagsfraktion gewählt, in der er noch heute Anhänger hat.

Die „Landesfürsten" tragen zum schiefen Ansehen der Politik in Deutschland generell nicht wenig bei, eröffnen sie doch auch dem politischen Mittelmaß eine Spielwiese für Großmannsucht.

Da baut man in Kassel einen Flugplatz , den niemand braucht(vier Starts in der Woche) und am Nürburgring soll die karge Eifel durch einen Vergnügungspark aufgehübscht werden mit der seltenen Folge, dass der Finanzminister eine mehrjährige Freiheitsstrafe aufgebrummt bekommt.

 Ausreichend e Begründung für das Projekt im Kabinett war: der Ministerpräsident   (Beck) will es so. Ein Konzerthaus wie die Elbharmonie kommt per Saldo auf eine halbe Milliarde mit Tendenz zur Milliarde. Der Berliner „Fluchhafen" gefährdet inzwischen das Ansehen Deutschlands in der Welt und nach Stuttgart 21 wurde ein Rundfunkkorrespondent in einer Jurte in der Mongolei gefragt.

Nicht nur dabei erinnern deutsche Länderchefs an die Duodezfürsten im Barock, die mit Prunk untereinander wetteiferten.

Vergeblich wird man auch nach einer Begründung suchen, warum 25 Jahre nach der Wiedervereinigung noch immer etliche Ministerien in Bonn untergebracht sind. Vielleicht ist es am Rhein schöner als im märkischen Sand.

Der Minister, der ein Ministeramt annimmt, weil er für sein Land etwas tun will statt einen gut bezahlten Job in der Wirtschaft anzunehmen, oder gar ein „one dollar man "der ehrenamtlich aber professionell Politik macht , muss bei uns noch gesucht werden, ist doch Geld der alleinige Maßstab geworden, und der Weg geht möglichst schnell von der Politik in die Wirtschaft wie bei Klaeden und Pofalla, nicht weil die Politiker von Wirtschaft etwas verstünden, sondern wegen ihrer connections im großen Klub der sich gegenseitig auf die Schulter Klopfenden.

Alle fühlen sich aber den westlichen Werten verpflichtet. Die Wertediskussion wurde dementsprechend zum idealen Thema der kirchlichen Akademien.

Die Diskussion könnte dabei zusammengefasst werden, der Wert der DM war der einzige Wert, an den noch alle Deutschen glaubten.

Wie es mit der westlichen Wertegemeinschaft heute in der Praxis aussieht zeigt das zunehmende Misstrauen der Deutschen untereinander, das Auseinanderdriften der EU, die zunehmend nach dem Motto verfährt „jeder ist sich selbst der nächste" die kaum getarnte Spionage unter Verbündeten und die NSA generell.

Migration als Dauererscheinung

Bereits jetzt gibt es mehr Migranten als je zuvor, die heimatlos durch die Welt ziehen und auf Aufnahme in einer besser gestellten Region der Welt warten. Schon heute gibt es in Deutschland die wenigsten Geburten von allen Völkern. Das Problem wird sich noch verschärfen, wenn die Bevölkerung altert. Dabei kann die Flucht der Afrikaner über das Mittelmeer als Beginn einer neuen Völkerwanderung angesehen werden. Die afrikanische Bevölkerung wächst sehr schnell und wird sich bis zum Jahr 2100 mehr als vervierfachen. Während in früheren Jahrhunderten alle Zuwanderer aus dem europäischen Kulturraum kamen, wird dies in Zukunft nicht mehr der Fall sein, was neue Probleme bringt. Für Deutschland ist aber von Bedeutung, dass es auf einen Zustrom von Migranten angewiesen ist, wenn angesichts der demographischen Entwicklung die Produktion und damit der Wohlstand erhalten bleiben soll, so dass die Aufnahme von Migranten nicht zuletzt dem Eigennutz dient . Festzuhalten ist, dass Deutschland bei erheblich kleinerer Fläche als die USA , Kanada oder Australien schon bevor die Flüchtlinge kamen heute das Land mit der zweithöchsten Zuwanderung auf der Welt ist.. Dabei ist daran zu erinnern, dass aus Europa und nicht zuletzt Deutschland in früheren Jahrhunderten Tausende als „Armutsflüchtlinge" in ferne Länder, vor allem nach Amerika zogen. Europa hält sich viel zu Gute auf seine Kultur, diese darf nicht aufhören, sobald es Geld kostet. Das Flüchtlingsdebakel zeigt den Wert dieser Wertegemeinschaft heute .Es muss darauf hingewiesen werden, dass Deutschland von Migranten in früherer Zeit sehr profitiert hat. Schon im 16. Jahrhundert kamen aus Frankreich viele hochqualifizierte Hugenotten, und um 1700 war jeder dritte Berliner Hugenotte. Ohne den großen Zuzug von Polen ins Ruhrgebiet im 19. Jahrhundert wäre viel Kohle unter Tage und mancher Hochofen kalt geblieben. Ihre

genetischen Spuren finden sich heute noch bei
Fußballernamen wie Juskowiak, Posipal oder Podolski. Nach
1945 kam das Millionenheer von Heimatvertriebenen und
Flüchtlingen aus dem Osten mit einem immensen Bedarf an
Gebrauchsgütern und dem Ehrgeiz, wieder nach oben zu
kommen.

1956 kamen freiheitsliebende Ungarn ins Land, deren
Aufstand gegen die kommunistische Herrschaft gescheitert
war.

Woran es fehlt, sind heute vor allem Lösungen für Afrika, die
dessen Bevölkerung Lebensmöglichkeiten im Lande
ermöglicht und nicht durch Subvention europäischer Waren
noch erschwert, und die Afrikaner zwingt, ihr Leben bei der
Flucht übers Mittelmeer nach Lampedusa aufs Spiel zu
setzen. Dies ist eine gröblich vernachlässigte Aufgabe der EU.
Bezeichnend ist, dass Afrikanern im Gegensatz zu anderen
Migranten offensichtlich aus rassistischen Gründen seltener
ein Visum bekommen. Ideal wäre nach mancher Meinung
offensichtlich ein Migrant, der etwas mitbringt oder recht
demütig ist, wie weiland das Missionsnegerle, das sich in den
Kirchen schon beim Einwurf von zehn Pfenning tief
verbeugte. Am sinnvollsten und gerechtesten wäre freilich
eine Einwanderungspolitik, die nicht nur auf restriktiven
Vorstellungen beruht und in Ländern wie Kanada sich seit
langem bewährt. Mit der Behauptung, Deutschland wäre
kein Einwanderungsland, wurde unter Kohl die Problematik
lange verschleppt. Kenner weisen darauf hin, dass Afrika ein
reicher Kontinent ist, die Wirtschaft aber noch kolonial

geprägt. China mischt in Afrika und Südamerika kräftig mit,
verfolgt dabei aber stets auch eigene Interessen. Wenn
Afrikaner viertausend Meter unter der Erde nach Gold, Platin
und Paladium schürfen, die Gewinne der Minen aber nach
London fließen, wird deutlich, wie sich die existentiellen
Probleme der Afrikaner ergeben, die sie zur Flucht
veranlassen.

Beim Problem der Flüchtlinge zeigt sich die Verdrängung der
vielen europäischen Sünden an Afrika und das Klammern der
Europäer   am jetzigen Besitzstand, der vor Flüchtlingen
„beschützt" werden muss. Als ob Europa juristisch Eigentum
der Europäer wäre. Als im Herbst 2013 vor Lampedusa zwei
Boote untergingen und Hunderte Afrikaner ertranken

Schoben die europäischen Innenminister den Schleusern
allein die Schuld zu. Dass Frontex den Auftrag hat, Schiffe in
Länder wie Lybien zurückzuschicken und in den zitierten
Katastrophenfällen 2013 unterlassene Hilfeleistung durch
italienische Schiffe nachgewiesen werden konnte, wird dabei
ignoriert. Von Hanna h Arendts Minimalforderung
abgesehen, dass jeder Mensch das Recht auf Rechte haben
müsse. Das christliche Abendland kommt rasch an seine
Grenzen, wenn Geld erforderlich ist. Die Behandlung der
Flüchtlinge, die über das Mittelmeer kommen wie über die
Balkanroute, werden zur Nagelprobe für unsere Gesellschaft
werden. Insofern hatte Frau Merkel recht, doch die
Durchführung der Aufnahme der Flüchtlinge grenzte an
Anarchie und zeigte keinerlei Vorstellungskraft an der

Staatsspitze zu den organisatorischen Problemen, die sich vor Ort stellten.

Mängel der Verwaltung

Vielen Deutschen geht in Politik und Verwaltung alles viel zu langsam. Auch in Asien kann man hören, dass die westliche Demokratie mit den großen drängenden Aufgaben der Zukunft überfordert sei, zumal wie bei uns alles schlussendlich noch der Überprüfung durch das Verfassungsgericht unterliege, was nicht überall der Fall ist. Haben doch selbst anerkannte Demokratien wie England oder die Niederlande kein Verfassungsgericht. Der Parlamentarismus in Deutschland hat gezeigt, dass er selbst extremen Anforderungen unter Zeitdruck, wie in der EU Krise, gewachsen ist. Ob die Abgeordneten immer alles verstanden haben, worüber sie abstimmen, ist eine andere Frage.

Notwendig wird es auch werden, angesichts knapper Kassen und konvergierender Sachthemen nicht um Kaisers Bart zu streiten, wie bei der Maut für Ausländer und dem Betreuungsgeld, sondern wirklich wichtige Ziele für die Zukunft zu formulieren und zusammen zu rücken .

Interessant ist ein anderer Vorwurf: die Deutschen hätten die besten Ingenieure und die schlechteste Verwaltung, was differenziert zu sehen ist. Beispiele gibt es für diese These,
84

aber auch Gegenbeispiele. Siemens baut vertragsgerecht ICEs, die Bahn wartet auf die dringend benötigten Züge, aber das Eisenbahnbundesamt nimmt die Züge nicht ab und schraubt die Anforderungen stattdessen immer mehr in die Höhe. Die Züge, die in gleicher Baureihe in Europa längst im Einsatz sind und sich selbst auf der Strecke Petersburg - Moskau im Winterverkehr bewähren, stehen nutzlos herum. Der Grund ist, dass die deutsche Verwaltung nicht erfolgs-, sondern haftungsorientiert ist. Niemand will, dass fahrlässig gehandelt wird, aber die Furcht vor Regress darf nicht das entscheidende Moment im Öffentlichen Dienst sein.

Eine Glanzleistung der Verwaltung war dagegen die Wiedervereinigung als Megaprojekt und auch, was nie erwähnt wird, die Verschmelzung der Bundeswehr mit der NVA.

Unbefriedigend dürfte die Handhabung des Ausländer - und Asylrechts in der Praxis sein, wobei manchmal noch das polizeirechtliche Denken durchscheint, weshalb diese Materie aus den Innenministerien herausgenommen werden sollte, aber stets zu prüfen ist ,ob dem Beamten durch den Gesetzgeber überhaupt ein Spielraum eingeräumt wurde.

Der Öffentliche Dienst selbst dürfte eine ständig vernachlässigte Aufgabe der Politik sein. Es geht dabei nicht um Besoldungserhöhungen oder Tarifanpassungen, sondern um Schaffung vernünftiger Strukturen. Es darf nicht sein , dass in einer Schule Beamte und Angestellte als Lehrer tätig sind, aber mit Gehaltsunterschieden von mehreren hundert Euro. Wie leichtfertig in der Vergangenheit, vor allem den

siebziger Jahren Beamte eingestellt wurden, zeigt, dass man
davon ausging, ihre Pensionen würden einmal aus dem
Wachstum späterer Jahrzehnte finanziert. Jede Firma hätte
Rückstellungen bilden müssen, und jetzt ächzt der Staat über
die auf Dauer wohl kaum durchzuhaltenden Pensionslasten.
Auch die Beschränkung von Verbeamtungen auf den
hoheitlichen Bereich (Polizei, Justiz, Steuer,
Zentralverwaltung) wurde nie eingehalten. Ob Lehrer Beamte
sein müssen, wäre sorgfältig zu prüfen. Optimal wäre die
Schaffung eines „Öffentlichen Bediensteten" für alle Felder
des Öffentlichen Dienstes außer den Richtern und Soldaten.
Bei der Verwaltung sollte man unterscheiden zwischen
Beamten in der Linie, die das Gesetz zu vollziehen haben, und
nur ganz wenigen Beamten in Stabsfunktionen, in
Ministerien, die ihren Überblick auch dazu nutzen sollten,
nach neuen, besseren Lösungen für eine Aufgabe zu suchen,
wozu oft schon ein Blick über den Grenzzaun ausreicht. Im Stil
des 19. Jahrhunderts werden noch immer für viele Aufgaben
landesspezifische Lösungen gesucht. Ein großer Vorteil der EU
ist schon heute, dass 80 bis 85 % der nationalen
Gesetzgebung Umsetzung von EU Recht ist, so dass langsam
aber sicher eine Vereinheitlichung des Rechts in der EU
erfolgt und zu hoffen ist, dass Europa bald in der Verwaltung
die gleiche Sprache spricht. Unnötig ist, dass regionale
Lösungen, wie die Gebäudebrandversicherung, das
württembergische Notarwesen oder das Sparkassen – und
Volksbanksystem, die sich hervorragend bewährt haben.
ohne zwingenden Grund dem Brüsseler Einheitsdenken
geopfert werden. Je näher aber die Stabsbediensteten im
unmittelbaren Umkreis von Politikern arbeiten, desto länger
86

wird für sie der Grundsatz des englischen Satirikers Jonathan Swift gelten, der da lautete: „vive la bagatelle".

Nach aktuellen Untersuchungen entsteht der deutschen Wirtschaft durch demotivierte Mitarbeiter jährlich ein Schaden von 124 Milliarden Euro, als Ursache von Defiziten in der Führung. Im Öffentlichen Dienst dürfte „ die innere Kündigung" ab einem gewissen Alter fast die Regel sein. Ursache auch hier Defizite in der Führung des Personals. Der Schaden lässt sich hier nicht exakt berechnen weil der Personalbedarf und die Aufgaben nicht exakt deckungsgleich. Hauptursache für die Frustration der Mitarbeiter dürfte die Hierarchie sein, die im Gegensatz zur Wirtschaft selten flach ist und Eigeninitiative unmöglich macht. Vom Sachbearbeiter bis zum Minister gibt es acht Stufen. Andererseits sorgt das Prinzip von Befehl und Gehorsam, das nicht nur beim Militär, sondern letztlich im ganzen Öffentlichen Dienst gilt, dass die Aufgaben wenn auch nicht optimal so doch erledigt werden. Statt nur die Aufgaben des Personals zu erweitern wären hier Untersuchungen nötig, die Leistungsdefiziten auf den Grund gehen. Diese dürften nicht auf der unteren, sondern auf den oberen Sprossen der Personalleiter zu suchen sein.

Eine vordringliche Aufgabe ist es, dem ständigen Wachstum des Öffentlichen Dienstes Einhalt zu gebieten. Zwar treten immer wieder auch neue Aufgaben für Staat und Verwaltung auf, werden diese aber nur mit neu eingestellten Beamten bewältigt, kann nach der Bewältigung der neuen Aufgabe keine Rückführung des Personals erfolgen. Sehr kurzfristig ist es gedacht wenn Kommunen wie geschehen ihre

Angestellten und Arbeiter zu Beamten machen um die
Sozialversicherungsbeiträge zu sparen.-Das dicke Ende
kommt dann zwar später aber massiver.

Von einer ganz bösen Wirkung ist es, wenn die
Mitarbeiterinnen und Mitarbeiter von Karstadt auf 700
Millionen verzichten, um die Firma zu retten und der
Milliardär und vermeintliche Retter   Berggruen, der allein für
den Besitz des Labels Karstadt eine Million Euro im Monat
erhält, keinen Euro in die dringend erforderliche Sanierung
der Kaufhauskette investierte. Dies ging selbst dem eher
kapitalfreundlichen ZDF zu weit und wurde deshalb von Anja
Kohl bewusst ausgeplaudert. Berggruens Nachfolger scheint
es nicht besser anzugehen.

Man kann sich auf den Standpunkt stellen, Unternehmer wie
Berggruen, Flick und Quandt seien im Kapitalismus der Preis
der Freiheit. Dass Frau Klatten als Quandt Erbin durch ein
Steuermanöver ein neunstelliger Eurobetrag ohne Arbeit
zufällt, wie zu lesen war, und dabei zehntausende
Arbeitsplätze in Deutschland verloren gehen und abwandern,
ist aber zweifellos ein sehr hoher Preis unseres freiheitlichen
sprich kapitalistischen Systems.

Generell ist nicht alles was legal ist auch legitim und
moralisch unanfechtbar.

Schaut man sich auf der Welt um, so sind die Verhältnisse in
Deutschland auf vielen Gebieten auf einem n o c h relativ
guten Niveau.

Die fast ununterbrochene Kette von Skandalen, zum Glück
nicht alle in der Größe von VW, ADAC und DFB, und
Demonstrationen der Unfähigkeit wie am Berliner Flughafen
geben Anlass zur Sorge. Dennoch ist Deutschland kein
Schönwetterstaat, wie böse Zungen schon behaupten Es
besteht auch nicht die Gefahr, dass wie 1789 in Paris das Brot
ausgeht. Die Globalisierung könnte aber dazu führen, dass
die Völker unserer Handelspartner legitimerweise
Menschenrechte einfordern, und wenn von Freiheit,
Gleichheit und Brüderlichkeit die Rede ist, auch auf ihre
Menschenwürde pochen. Daher ist es denkbar, dass
irgendwann Afrikaner und Indianer diese hehren Rechte auch
für sich von uns fordern, dann wird sich weisen, ob die
Menschenrechte wirklich für alle Menschen gelten.

Deutschland selbst wird sich mit der demographischen
Entwicklung der Pflegeproblematik und der Altersarmut
auf breiter Ebene sehr schwer tun. Der Wettbewerb wird
härter, und die Innovationskraft nimmt ab. Hinzu kommt,
dass die Integration von 1 Mill. Flüchtlingen ökonomisch noch
lange eine Belastung bleibt. Die Anforderungen in Schule und
Universität, die jahrzehntelang nur gesunken sind, müssen
steigen und das laissez faire das in Teilen des Öffentlichen
Dienstes festzustellen ist, muss beseitigt werden. Im
Pendlerzug erzählte ein Volkswirt aus Südafrika dem Autor,
dort würde hart gearbeitet, in New York nach seiner eigenen
Erfahrung noch härter, was er in Stuttgart im Stab eines
großen Konzerns erlebt habe, wolle er aus Höflichkeit nicht
sagen.

Die Ressourcen auf der Erde werden nicht größer, wohl aber
die Zahl der Nachfrager mit großem Appetit wie China.
Ein Blick nach Japan ermuntert nicht.

Deutschland-ein Schönwetterstaat ?

Ein Professor (kluger Mann) sagte: die Alliierten haben die
Deutschen von Hitler befreit, aber sie werden ihn nie los
werden. Wie wahr . Dabei war es nach 1945 doch so einfach:
die guten Deutschen saßen im Westen , die bösen im Osten.
Im Westen „beschützt" von den Amerikanern, im Osten von
den Sowjets. Ordnung muss sein.

Im Westen ging es wirtschaftlich steil bergauf. Im Osten
lernte man die im Krieg erworbene Genügsamkeit als
Sozialismus kultivieren. Im Westen lief es so gut, dass man
Ausländer anwerben musste, nicht mehr als
„Fremdarbeiter", sondern ironischerweise als „Gastarbeiter"
bezeichnet. Dennoch begehrten im Westen 1968 die
Studenten auf gegen die Verkrustungen in Uni und
Gesellschaft. Seltsam mutet an, dass man durch Sprechchöre
selbst den Krieg im fernen Vietnam beeinflussen wollte. Im
Osten sah man den Polizeistaat realistisch und verzichtete
auf sicht- und hörbaren Protest. Im Westen ging es
„gutbürgerlich" weiter mit der großen Koalition unter
Kiesinger, wohl dem schönsten Mann , den die Schwäbische
Alb je hervorgebracht hat. Die bürgerliche Behaglichkeit

90

wurde bös gestört durch den Terrorismus der Extremisten
um Baader und Meinhof. Wenn der Mord an
Generalbundesanwalt Buback und später die NSU Morde
nicht aufgeklärt wurden, kann der am Rechtsstaat orientierte
Autor nur sagen „schweig stille mein Herze, bleib stehn mein
Verstand".

Mangels Gründen für nationale Begeisterung (woher auch,
außer Fußball) wurden die Deutschen zu betonten
Europäern, wobei sie vor allem als Europayer geduldet
wurden. Ob Nato oder EU, die Deutschen zahlten immer
mehr als ihrer Quote entsprach. Wenn's um Geld geht ,
zeigen die Engländer wie's gemacht wird.

Eine nationale Identität gab es weder vor noch nach 1989,
was vielleicht auch besser ist und die Aufnahme der
Flüchtlinge erleichtern dürfte.

Dennoch, trotz Schummelns, Betrügens und Lügens in Teilen
der Wirtschaft und Gesellschaft oder gerade deshalb , das
Land prosperierte weiter. Der Öffentliche Dienst ging still und
heimlich zur viereinhalb Tage Woche über (wer sich die
Arbeit nicht einteilt, ist zu früh damit fertig!)

Der Kalte Krieg ging zu Ende, die Algorithmen aus seiner Zeit
blieben, und der amerikanische Politikwissenschaftler
Fukuyima demonstrierte, wie man als Wissenschaftler
unsterblich wird (indem man zu einer Frage den
größtmöglichen Unsinn verkündet) nämlich, damit sei das
Ende der Geschichte erreicht. Die Algorithmen aus dem
Kalten Krieg, das heißt das Abstellen auf den absoluten

Egoismus, wurden auf die Wirtschaft übertragen zur
Ausbeinung der Konsumenten. Die ausschließliche
Westbindung ging weiter, und Putin warf man de facto vor, er
mache keine Politik für den Westen, sondern koche seine
eigenen Süppchen. Die Deutschen meinten, ohne dies zu
erklären, wenn wir harmlos und naiv sind, können wir dies
doch auch von anderen Völkern verlangen.
Mit dem IS wurde es ernster, ein Problem das mit Schecks
nicht lösbar war. Ja, man hätte auf Schecks für
Panzerverkäufe nach Saudi Arabien und Katar verzichten
müssen. Man sieht eine doppelte Moral (Spezialität der
westlichen Politik) führt nicht zur Verdoppelung der Moral.

Die erste Prüfung auf Herz und Nieren nach 1945 war aber die
sogenannte Flüchtlingskrise, wobei übersehen wurde ,dass
zumindest in China Krise und Chance das gleiche
Schriftzeichen haben. Jetzt können die Deutschen zeigen,
dass man auch Afrikanern und Pakistanis auf Augenhöhe
begegnen kann und deren Wertschätzung nicht von der
Einbringung auf dem Arbeitsmarkt abhängt, sondern, dass
man Sie als Mensch annimmt. Der Autor, der 1946 als
„Rucksackdeutscher" aus der „kalten Heimat" nach
Württemberg kam, stellte fest, dass sich bei der Behandlung
der Flüchtlinge heute große Unterschiede zu damals zeigen.
Es wird geholfen mit Empathie und Engagement, wenn man
von Pegida in Dresden und Rechtsextremisten in ganz
Deutschland absieht und der Tatsache, dass die Kluft
zwischen den Stammtischen und der Politik auch außerhalb
Bayerns nie größer war. Ob wir es schaffen steht noch nicht
fest. Es wäre aber schön und eine humane Großtat, die sonst

kein Wesensmerkmal der westlichen Politik im allgemeinen
und der deutschen im Besonderen ist.

Das kabarettistische Zeitalter

Das Kabarett hatte in den 60er und 70er Jahren eine eminent
politische Funktion im Kampf gegen Strauß und andere.
Heute ist es flach und Teil der Unterhaltung ohne
gravierende politische Relevanz. Das Kabarett blüht in der
Kleinkunst und vor allem im Fernsehen, aber kein Politiker
fühlt sich dadurch ernsthaft belästigt. Das Publikum lacht
halt.

Die jetzt 70jährigen in Deutschland sind die letzten, die als
Kind und Jugendlicher noch ohne Fernsehen aufgewachsen
waren. Sie können bestätigen, dass man zuvor abends keine
Löcher in die Wand gestarrt hatte, sondern jeder etwas zu tun
hatte, im Garten werkeln, Basteln, Lesen, Radio hören,
Socken stopfen, Schallplatten hören, wobei die 10
Plattenwechsler als höchste und spannendste Stufe der
Technik galten, und natürlich Knutschen and more. Heute
sieht der Deutsche jeden Tag mehr als vier Stunden fern,
wozu eine große geistige Genügsamkeit notwendig ist. Am
liebsten hat er es, wenn das Führungspersonal in Berlin durch
den Kakao gezogen wird, was ihn seiner eigenen
Verantwortung für öffentliche Ämter enthebt, wozu er
selbstverständlich „keine Zeit" hat und geflissentlich

übersieht, dass Demokratie jeden angeht, freilich in unterschiedlicher Weise.

Der Begriff „Staatsdiener" scheint nur noch für das Kabarett tauglich, so dass man heute vom" kabarettistischen Zeitalter" sprechen könnte. Es fehlt am gemeinnützigen Denken, das nicht den eigenen Vorteil in den Mittelpunkt stellt, sondern sich am Gemeinwohl orientiert. Stattdessen haben wir in Leitungsfunktionen viele unaufgeklärte Absolutisten und Selbstdarsteller. Und die Bevölkerung ergötzt sich im Fernsehen an deren Unvermögen in den politischen Satiresendungen möglichst jeden Abend.

So übt auch das Kabarett nur eine Pseudokritik aus, die überdeckt, dass man die wesentlichen Probleme unserer Gesellschaft , wie die Einkommensverteilung   oder Altersarmut , in den Medien gar nicht mehr grundsätzlich diskutiert. Es drängt sich der Eindruck auf, wie zum Beispiel bei den Rentenbeschlüssen der schwarz roten Koalition, dass man kausale dauerhafte Lösungen gar nicht mehr anstrebt, weil sie mit tiefgreifenden Änderungen verbunden wären, sondern froh ist, einigermaßen über die Runden zu kommen.

Übersehen wird so zum Beispiel die fundamentale Wahrheit, dass es in der gesamten Weltgeschichte noch nie durch nur zwei Generationen seid 1945 möglich war, die Welt ökologisch zu verheeren und Schulden aufzuhäufen, die auf normalem Wege nicht zu beseitigen sind, ohne globalen Währungsschnitt wird es nicht gehen. Eine solche Gesellschaft wie im Westen hat, milde geurteilt, ihren Höhepunkt längst hinter sich. Was aber werden die Kinder und Enkel sagen? Sie werden weniger milde sein.

Der bequeme Weg in die Staatsverschuldung hört auf, wenn die Zinsen wieder steigen und der Staat so viel an Zins und Tilgung leisten muss, dass er für andere Aufgaben kein Geld mehr hat.

In dieser Situation sind alle zu tadeln, die mit dem Wort umgehen und dabei ihre Gedanken verstecken. Das sind weniger die immerhin der Bibel verpflichteten Theologen, wobei festzustellen ist, dass aufgeklärte protestantische Pfarrer in den neuheidnischen Gebieten im Norden und Osten Deutschlands die Jenseitsverheißungen ihres Glaubens selbst schon sehr cool aufnehmen. Süddeutsche hören mit Schaudern, dass es in Hamburg sogar atheistische evangelische Pfarrer geben soll.

Energisch zu tadeln sind die Hohen Priester in den Medien, vor allem im Fernsehen. Was hindert diese eigentlich, den Gedanken der Aufklärung wieder aufzunehmen, wenn schon nicht im Ganzen, so doch als intellektuelle Akupunktur ? Zu was gibt es in Deutschland einen auch finanziell unabhängigen öffentlich rechtlichen Rundfunk? Und was macht er? Er konkurriert mit den Privatsendern. Sieht man von „WiSo", „Faktencheck" und ähnlichen Sendungen ab , die immerhin die Probleme ankratzen, soweit sie sich nicht nur auf eine qualifizierte Verbraucherberatung beschränken, ist das Fernsehen auf allen Kanälen Unterhaltung. Schon Neil Postman sagte daher, wir amüsieren uns zu Tode.

Sartre nennt Intellektuelle falsche Intellektuelle, wenn sie die Möglichkeit haben, sinnvoll zu wirken, dies aber nicht tun.

Wer aber kritisiert im Fernsehen das Fernsehen?

Destabilisierung und dann?

Fast alle Medien bis auf die Regenbogenpresse und die Unterhaltungsprogramme in Radio und Fernsehen   wirken heute bevorzugt destabilisierend. Was aber ist das Ziel? Was geschieht, wenn die Destabilisierung am Ende ist? Also doch Bürgerkrieg. Wer hat Ideen? Anarchie oder wenigstens geregelte Anarchie? Oder gelenkte Demokratie etwa nach russischem Muster.?

Wer sich mit dem von Schirrmacher gezeigten Menschenbild unter der Herrschaft der Algorithmen und den von Lanier, dem letztjährigen Träger der Friedenspreises des deutschen Buchhandels, geschilderten Gefahren des Internets und Big Data näher beschäftigt, könnte sich zurücksehnen nach einer Zeit, als Flugblätter, Demos und Fahnen als Gefährdung der Demokratie angesehen wurden.

Sind die wahren Staatsträger heute nicht Verfassung , Gesetz , Beamte und Politiker, sondern Sänger und Sängerinnen wie

Udo Jürgens und Helen Fischer, die das Volk bei Laune halten müssen? Man sollte die Wirkung solcher Sänger nicht unterschätzen. In USA geht man davon aus, dass zur Glanzzeit Frank Sinatras jeder dritte Amerikaner zur Stimme von „The Voice" gezeugt wurde. Ob Frankieboy im Auftrag des CIA sang, ist möglich, jedenfalls tat er es hier für einen guten Zweck. Vielleicht beruht die niedrige Geburtenrate bei uns auf dem Fehlen von motivierenden Sängern?

Was tun?

Was tun? Ist wohl das bekannteste Zitat Lenins, es ist aber für jede Politik auch die entscheidende Frage.

Zuverlässiger als durch Gesang ließe sich das Problem der niedrigen Geburtenrate lösen, wenn man wie in Frankreich das Familiensplitting statt des Ehegattensplittings einführen würde. Ein Blick über die Grenze lehrt vieles, man muss ihn aber tun. Noch immer befleißigt man sich heute staatlich juristischer Inzucht wie in früheren Jahrhunderten, anstatt zu sehen, ob anderswo bessere Lösungen existieren, und noch immer heißt es bei Beamten gern „es lebe der Vorgang", das heißt, wir machen es wie immer. Da wundert es nicht, dass der Autor sich einmal anhören musste, er sei nicht zum Nachdenken eingestellt worden.

Immer wieder stellte sich bei Steuerexperten Sehnsucht nach einer großen Steuerreform und Steuervereinfachung ein, die außerhalb des Parlaments von Politikern und Praktikern erarbeitet werden müsste und zu verabschieden wäre, bevor sie der Lobby zum Opfer fällt.

Leider besteht wenig Hoffnung auf Realisierung eines rationalen Steuersystems, steht doch hinter jedem Absatz der Steuergesetze eine kampfstarke Kompanie von Lobbyisten, und die Finanzbeamten werden wohl noch lange die Galeerensklaven des Öffentlichen Dienstes bleiben.

Das betrifft mich nicht mehr, bekommt man auf Fragen nach Problemen der Zukunft meist zu hören. Mir wird es noch so hinüber langen. Die klassische Selbstentmachtung und Freistellung von Verantwortung, oft mit der Frage verbunden, was kann der Einzelne schon machen. Noch immer wirkt sich heute aus, dass die Demokratie in Deutschland das Ergebnis zweier verlorener Kriege war und bis heute nicht ausreichend deutlich wurde, dass Demokratie nicht von oben gewährt wird, sondern jedermanns Sache sein muss. Erst der Ruf nach mehr direkter Demokratie wie bei S 21 lässt erkennen, dass der Bürger sich wieder zuständig fühlt. Und in diese Richtung muss es auch gehen,

Wobei ein Mix aus direkter und indirekter Demokratie anzustreben ist, und vor allem die Ausgabefreudigkeit der Parlamente dringend eingeschränkt werden muss. Das Beispiel der USA mit dem ständigen Hochschieben der Schuldenobergrenze ist peinlich und lässt auch auf diesem Gebiet erschrecken. Sieht man von der noch immer großen Militärmacht USA ab, könnte man bei den Auffassungen der Republikaner schon fragen, ob man so einen Staat noch ernst nehmen kann.

Interessant in diesem Zusammenhang ist, dass Churchill einmal sagte, das stärkste Argument gegen die Demokratie sei, was der Mann aus dem Volk sich von ihr erwarte. Dazu lassen sich interessante Beobachtungen machen , die ein merkwürdiges Demokratieverständnis unserer Bürger verraten, wie einmal in einer Bürgersprechstunde im Schwarzwald. „Wenn die neue Trasse der Landesstraße 463 so läuft, brauche ich nur 5 Minuten nach y, läuft sie aber so, über 15 Minuten, jetzt , Herr Minister, was ist besser? Was man nie erlebt ist, dass sich jemand für eine objektive Lösung ohne persönlichen Vorteil einsetzt . Die seltsamsten Bitten werden manchmal ventiliert, wie die Politiker sollen sich mehr für das Akkordeonspiel einsetzen, da die Deutschen das Akkordeon am liebsten hören würden, wenn sie betrunken seien. Wie macht man das?.Es regiert immer der blanke Eigennutz. Umgekehrt führt die manchmal an Gschaftlhuberei grenzende Wahlkreisarbeit der Politiker dazu, dass sich beim Regierungspräsidium zu einer Frage gleich drei befürwortende Schreiben von Politikern verschiedener Parteien sammeln.

Misstrauen als gesellschaftliches Grundprinzip

Wer heute sein soziales Empfinden publik macht, muss damit rechnen, dass er von manchen schärfer beäugt wird. Sozialwissenschaftliche Untersuchungen bestätigen zwar, dass große Einkommensunterschiede das gefährlichste

Kriterium für den friedlichen Erhalt einer Gesellschaft sind, aber viele wollen das gar nicht so genau wissen. Der Pluralismus in der Gesellschaft geht gegen Null, sobald man den mainstream verlässt und von der Meinungsfreiheit in der Verfassung Gebrauch macht.

Der Bürger hat mehr oder weniger akzeptiert, dass der Staat schon lange vor der NSA das Post - und Fernmeldegeheimnis in Art. 10 des Grundgesetzes abgeschafft hat, bei der Meinungsfreiheit wäre mehr Widerstand zu erwarten. Sollte es schon so weit sein, dass von vornherein als links- oder rechtsradikal gilt der nicht nur nachplappert, was die Medien verkünden? Gilt die eigene Meinung schon als Luxus und der Art.5 des Grundgesetzes, der die Meinungsfreiheit garantieren soll , als durch das Zeitgeistdenken überholt?

Peter Handke sprach einmal von der Geborgenheit der Gedanken unter der Schädeldecke, aber dieser Autor glaubte auch an eine Zeit, als das Wünschen noch geholfen hatte, und soziale Gerechtigkeit war nicht sein prioritäres Ziel. Die Deutschen begnügten sich stets mit dem schönen Volkslied „ Die Gedanken sind frei" und fragten nicht danach, ob man diese auch ohne Gefahr äußern dürfe . Peter Handke kannte auch weder Algorithmen noch die NSA. Diese NSA war ja in der Tat etwas sehr Seltsames, als ob die ganze Welt die Amerikaner und Briten In die Luft sprengen wollte. Früher hätte dazu als Abwehr eine gute Polizei gereicht. Oder ging es schon gar nicht mehr um polizeiliche Gefahrenabwehr, sondern um Einforderung von Wohlverhalten und einen Überwachungsstaat wie 1984? Worin besteht das Delikt und

das Verschulden der Staatsbürger, wenn sie bloß anderer
Meinung sind als die Staatsführung? Das Überwachen als
Selbstzweck kann ja nur für Paranoide befriedigend sein, die
sich gerne selbst überwachen. Das amerikanische
Überwachungszentrum in Bad Aibling am Ammersee mit den
weithin sichtbaren weißen Kugeln wirkte fast beruhigend , da
man wusste, hier geht's nur um Industriespionage, nicht um
e-mails. Dass sich Verbündete untereinander ausspionieren,
ist zwar merkwürdig, aber vielleicht ein neuer Trend, den es
bislang nur bei eifersüchtigen Ehegatten gab. Der
amerikanische Politikwissenschaftler japanischer
Abstammung Fukuyima hatte am Ende des Kalten Krieges
euphorisch gleich das Ende der Geschichte ausgerufen. Jetzt
hätte er mehr Grund! Es ist zu hoffen, dass jedes Jahr ein
oder besser mehrere Snowdens zu uns kommen. Auf
Einsichtigkeit des Chefs von NSA ist nicht zu hoffen, wie meist
bei Generälen.

Vielleicht, dachte er sollte man in der gegenwärtigen
unsicheren Zeit in der noch keiner weiß, was kommen wird
zu der Jesuitenweisheit zurückkehren ,die lautet „Reden wie
die meisten, denken wie die wenigsten".

Er hatte Jesuitenweisheiten moralisch immer als etwas
„schief" empfunden. Der berühmteste Jesuitenspross im
Lande war Heiner Geissler, der leider seine besten
Erkenntnisse erst in hohem Alter hatte, beziehungsweise
äußerte und ein erklärter Feind des Kapitalismus wurde.

Vielleicht sind die berufenen Gesellschaftskritiker heute hohe
Richter möglichst vom Verfassungsgericht   wie Di Fabio , die

viel gesehen haben und wissen, warum stets die gleichen
Fehler in der Politik auftreten, und wie diese zu vermeiden
wären. Bei diesen würde dann auch die wohlfeile Methode
nicht wirken, kritisches Denken von vornherein als links und
negativ zu sehen.

Als sehr gefährlich für Staat und Gesellschaft ist die
Einstellung der Bevölkerung zu sehen, dass man heute
allgemein mit dem Betrug leben muss. Das Faustrecht rückt
dadurch näher, zumindest der Kampf aller gegen alle , der
durch das Recht als überwunden galt.

Typisch die Äußerung eines Bürgers im Radio zum ADAC:
betrogen wird überall, warum soll's dann beim ADAC anders
sein.

Das ganze Bankenwesen oberhalb der Sparkassen und
Genossenschaften stellt sich als großer internationaler Sumpf
dar in den Bürger, aber auch ganze Städte, ja Staaten
geraten können, wie beim Dividendenstripping, bei dem so
schnell mit „Cum" und „Ex" Dividende gehandelt wird, dass
der Staat nicht mehr durchblickt und mehr Kapitalsteuer
erstattet als gezahlt wurde, was Deutschland etliche
Milliarden kostete. Mit welcher Chuzpe man dabei vorging
zeigt, dass eine bekannte Schweizer Bank daraus ein
Geschäftsmodell für einen Investmentfond entwickelte, bis
der deutsche Fiskus dahinter kam und nicht mehr mitspielte.
Folge: Die Fonds funktionierten nicht mehr, und die Anleger
bekamen ihr Geld teilweise nicht wieder. Hierbei fällt erstens
auf, dass Kriminalität als Geschäftsgrundlage für einen
Investmentfond auch in der heutigen Zeit ungewöhnlich ist

und zweitens selbst der gewiefte Finanzexperte Maschmeyer zu den Geschädigten gehörte. Früher kannte man noch den „Bankbeamten", und alte Angestellte beklagten sich noch in den neunziger Jahren, sie hätten früher die Kunden beraten sollen und jetzt hieße es, verkaufen und sonst nichts.

Ein Mehrwertsteuersystem, dass Gaunern jede Chance zu Millionenbetrügereien ermöglicht wie heute bei uns, sollte von Berlin aus geändert werden, aber die EU machte nicht mit, schon seltsam.

Der „graue" Kapitalmarkt vernichtet kleine Existenzen in großer Zahl wie bei Prokop Windanlagen und zeigte, angefangen mit der IOS von Bernie Cornfeld, wie viel Geld doch im Handwerk und den freien Berufen für spekulative Zwecke zur Verfügung steht und stand, ohne dass bislang der Gesetzgeber eingriff. Das „stupid german money" war überall willkommen. In manchen Fällen, wie beim Bauherrenmodell, bei dem die Baukosten durch Werbungskosten aufgebläht werden durften, öffnete der Staat erst die Tür, um sich selbst zu schädigen. Sehr seltsam, aber gewollt.

Der graue Markt, den es in dieser Form schon in Frankreich nicht gibt, ist ein Phänomen, dessen Existenz nicht seriös erklärbar ist. Es sei denn, man stellt sich auf den zynischen Standpunkt, wenn die Bürger ihr Geld am Finanzamt vorbeibugsieren, ist es nicht schlimm, wenn sie es auf dem grauen Markt verlieren.

Nach diesen Feststellungen fragt es sich: Wie sollen Kinder heute noch erzogen werden? Immer noch „der Klügere gibt nach, und man nimmt sich stets das kleinere Stück?"

Oder besser gleich mit Kampfsport und Pistolenschießen anfangen und den Mitmenschen nur schäbiges egoistisches Verhalten und Denken unterstellen, damit die Rechnung im Leben aufgeht, wie es Schirmacher in seinem hochzulobenden Buch „Ego" vor Augen führt.

Das hat nichts mit der Behauptung zu tun „Früher war alles besser", die sich nicht aus Nostalgie nährt, sondern damit, dass die Freiheit des Individuums größer und durch Recht und Gesetz gesichert war.

Es ist sehr zu hoffen, dass sich das „alte Europa" doch dem Geist der Wallstreet entzieht und wieder entdeckt, dass „making money" nicht der einzige Lebenszweck sein kann.

Wem gehört die Erde?

Auf dem Globus gibt es heute fast eine Viertel Milliarde Menschen ohne Heimat, was eine furchterregende Vorstellung ist. An manchen Wochenenden kommen allein fünftausend Afrikaner über das Mittelmeer, Tausende verlassen ihre Heimat wegen Krieg oder Armut und wählen den Weg über die Balkanroute.

Wem aber, kann man einmal ins Nachdenken gekommen
fragen gehört eigentlich das Land auf der Erde? Im Mittelalter
hätte ein Drittel Europas zeitweise dem Papst gehört, kann
man lesen. Die Kirche hatte immer einen guten Magen. Aber
die dauerhafte Zuordnung von Land an einzelne Menschen
ist im Grunde äußerst fragwürdig. Schon Rousseau hat dies
klar erkannt und harte Worte dafür gefunden.

Dabei ist die Frage doch so einfach zu lösen. Wer Geld hat,
hat auch Land. Baron von Finck, Milliardär, und kein dummer
Mann, kaufte schon in den fünfziger Jahren in weitem
Umkreis von München jedes verkäufliche Grundstück. Es hat
sich gelohnt. Die Weiterentwicklung dieses Denkens führt
aber zur Gentrifizierung ganzer Stadtteile, die veredelt, für
Normalbürger nicht mehr bewohnbar und im Extrem zu
bewachten Anlagen „gated communities", einer Art (Raub)
Ritterburgen des 21. Jahrhunderts, werden. Dabei bewähren
sich Nägel wie gegen Tauben, in London erprobt, auch gegen
Obdachlose.

 Für den sozialen Wohnungsbau vergleiche man die
Verhältnisse in Wien und Stuttgart oder München. Wien als
Musterbeispiel für öffentlich geförderte preisgünstige
Wohnungen, Stuttgart und München als Beispiele für
maximale Kapitalrendite. Mieten, die auch für „kleine Leute"
erschwinglich sind, müssen in Deutschland auf der Strecke
bleiben, wenn der Vermieter trotz aller Auflagen und Steuern
auch noch eine Rendite erzielen will. Der größte Preistreiber
beim Bauen ist interessanterweise durch immer neue
Vorschriften die öffentliche Hand.

Man stelle sich nur das Leben eines Postboten im Ballungsraum München oder Frankfurt vor. Sein Job ist „schon die halbe Miete", aber auch nicht viel mehr.

Ein interessantes Modell, das schon seit zweihundert Jahren funktioniert, findet sich ausgerechnet vor den Toren des besitz - und eigentumsstolzen Stuttgart.

König Wilhelm I. von Württemberg stellte 1817 durch Auflösung eines Rittergutes einer pietistischen Gemeinschaft, der Korntaler Brüdergemeine, Land zur Verfügung. Diese verteilte es an ihre Mitglieder über die sogenannte Güterkaufgesellschaft , die heute noch besteht, in einer Art Erbbaurecht, ohne dass die Mitglieder Privateigentum an Grund und Boden erwarben, mit der Ausnahme von Wald und Weinbergen! Ein revolutionärer Akt, der viel zu wenig beachtet wird. Dennoch weist Korntal hier den richtigen Weg. Während der originäre Erwerber eines Grundstückes noch eine Leistung dafür erbringt, ist dies bei den Erben nicht mehr der Fall, so dass eine Beschränkung der Nutzung auf 99 Jahre wie beim Erbbaurecht sachgerechter ist. Es wundert nicht, dass sozialistisch geprägte Staaten wie China kein Privateigentum an Grund und Boden kennen, sondern nur zeitlich befristete Nutzungsrechte, abgestuft nach gewerblicher Nutzung oder Nutzung für Wohnzwecke.

Schon Mitscherlich hatte festgestellt, dass jede Stadtplanung unmöglich wird, wenn das Grundeigentum ausschließlich in privater Hand bleibt, und der gute Häuptling Seattle war überdies der Meinung, nicht nur das Land, auch die Luft und das Wasser dürften nicht privatisiert werden, weil es allen

Menschen gehöre. Schade, dass der weise Häuptling Seattle nie gelebt hat und eine Wahlkampferfindung eines deutschen Advokaten in USA gewesen sein soll. Die Vergabe von Erbbaurechten anstelle des vollen Eigentums würde auch die Sozialbindung des Eigentums wieder verdeutlichen. Ein Begriff wie aus dem Märchenland, der gleichwohl geltendes Verfassungsrecht ist. Diese Bestimmung im Grundgesetz ist leider so unwirksam wie die Aussage in der Bergpredigt „selig sind die Friedfertigen, denn sie werden das Land besitzen", aber wann? Realistischer ist da schon der Allmende Gedanke der einzigen Frau, die je den Nobelpreis für Wirtschaft erhielt, der wegen der Singularität ihrer Lehre und Persönlichkeit besonders hervorzuhebenden Frau Elionor Ostrom und der Gedanke des Teilens.

Der Begriff des Teilens ist dabei, die gehobene Warenwelt zu erobern, während er zuvor nur bei den landwirtschaftlichen Maschinenringen auftrat. Der amerikanische Zukunftsprophet Jeremy Rifkin sieht im Aspekt des Teilens eine Hinwendung zu mehr Gemeinsinn und eine Minderung des kapitalistischen Denkens .Bis die Anhänger der „tea party" genauso denken, dürfte aber noch geraume Zeit vergehen.

Der Gedanke des Teilens

Der Begriff des Teilens wird populärer während dieser Gedanke   zuvor allenfalls bei landwirtschaftlichen

Maschinenringen in bäuerlichen Gebieten auftrat. Statt Alleineigentümer einer Bohrmaschine zu sein, die eine Viertelstunde pro Jahr benutzt wird, schließt man sich über das Internet bei Bedarf zusammen. Selbst beim Auto verzichtet man auf exklusiven Besitz, wobei vor allem junge Menschen eine erstaunliche Reife zeigen. Es ist zu hoffen, dass auch beim Eigenheim einmal ein Umdenken möglich wird und statt einhundert Reihenhäusern nebeneinander vernünftige Wohnanlagen, auch für Mehrgenerationenhäuser, errichtet werden. Ein Häuschen im Grünen für jede deutsche Familie bleibt Illusion, schon weil man auch die Nähe zur Stadt sucht. Es dauert oft sehr lange, bis die Vernunft sich bahnbricht, und zwar meistens über die Kosten, oder wenn der Staat durch starres Festhalten an überholten Positionen „den Karren an die Wand fährt", wie man in der Bevölkerung sagt, und man dann wieder neu anfangen kann und muss. Eine Situation, die in Deutschland, auf manchen Gebieten, wie der Altersvorsorge, in absehbarer Zeit bevorsteht. Das Teilen ist nicht wachstumsfördernd und wird von der Industrie nicht gern gesehen, ist aber ein Beweis, dass man ohne Wachstum zu vernünftigen Lösungen kommen kann.

Die Tendenz ist richtig gesehen, und die Idee des Teilens wird sich schon deshalb Bahn brechen, weil den meisten Menschen das Geld für neue Autos, Bohrmaschinen etc. in Zukunft fehlen dürfte.

Auffällig ist, wie unterschiedlich auf die Gefährdungen unserer Zeit reagiert wird. „Wenn's schief geht, haben wir

noch Äcker", war dann die Meinung zur Finanzkrise, während
andere ein neues Europa entstehen sehen. „German Angst"
ist im ländlichen Raum kein Begriff, und jeder sollte froh sein,
dass es noch Menschen gibt, die in Familie, Dorfgemeinschaft,
auch Kirche, so verankert sind, dass sie einen festen
Standpunkt im Leben haben, ohne Psychopharmaka zu
benötigen. Schon Archimedes, der große Mathematiker der
Antike, wünschte sich als Ideal einen festen Punkt. Auch dem
ersten Leiter der EZB , dem hochgebildeten Kenner der
deutschen Kultur, Trichet ,war es ein Rätsel, dass seine
deutschen Kollegen immer wieder Katastrophenangst zeigten.

Viele hatten den Eindruck, in Berlin ginge es juristisch viel zu
hemdsärmelig zu. Passte ein Gesetz dort nicht in den Kram,
wendete es niemand an, was bei den Maastrichter Verträgen
äußerst gravierend war. Die Franzosen machten dies zwar
auch, gaben es aber offen zu, während für Berlin angeblich
alles richtig gelaufen war. Gipfel der Frechheit war, dass im
Ausland behauptet wurde, an die „no bail out" Klausel, das
heißt keine Haftung von Staaten für Schulden anderer, hätte
außer den Deutschen ohnehin niemand geglaubt. Alle
Europäer seien der Meinung, dass die Haftung durch
Eurobonds zum Beispiel möglich sei und kommen müsste.
Oder man erfand in Berlin den Begriff „Moratorium", wenn
man ein Gesetz aufhalten wollte, als ob es nicht beschlossen
wäre.

Kein Jurist protestierte, wenn etwas krumm lief, was schon an
Weimar erinnerte , als Juristen reihenweise umfielen. Damals
drohte der Verlust der Stelle oder gar KZ , heute vielleicht die

Zurückstellung bei einer Beförderung. Immerhin gab es im Hause Kauder offensichtlich einen Bruderzwist, der, wie im Fernsehen deutlich wurde, aus unterschiedlicher politischer Skrupelosität entstanden sein muss.

 Besonders haarige Geschichten gab man in Berlin an amerikanische Anwaltskanzleien, deren Werke mit dem Briefkopf der amerikanischen Kanzlei abends im Fernsehen zu sehen war. Eine Novität in der deutschen Rechtsgeschichte. Erst muss wohl die Finanzkrise vorbei sein, dann kann man zusammenkehren. Bei diesem Beispiel wird auch deutlich, warum der Bund im Jahr eine volle Milliarde nur für Gutachten und Rechtsberatung ausgibt, obwohl in den Ministerien viele Hunderte hochbezahlter Juristen für diese Fragen zuständig sind. Besser man rührt nicht daran, dachte man sich wohl.

So ähnlich handelten im Krieg die schwäbischen Dorfbürgermeister, die auf heiklen Akten einfach vermerkten „Wiedervorlage nach dem Krieg".

Selbst tragende Säulen des Staatswesens, wie das Sozialstaatsprinzip, werden in ihrer Bedeutung nicht mehr klar erfasst wie beim Betreuungsgeld, einer Prämie, die niemand etwas bringt, wenn er sie nicht benötigt und völlig unzureichend ist, wenn sie jemand benötigt, also im Ergebnis leer läuft. Im Übrigen ein Musterfall, wie ein Gesetz die richtige Wirkung verfehlt. Kinder von Migranten kommen nicht zur sprachlichen Früherziehung in die Kita, weil den Eltern das Geld im häuslichen Verbrauch sinnvoller angelegt erscheint.

Bayern, bei aller Liebe zur Bevölkerung und Landschaft, muss es gesagt werden, geht mit dem Recht besonders „geschmeidig" um. Es fragt sich, wie ein Ministerpräsident zur Maut für EU Angehörige ungestraft Äußerungen machen kann, für die er in jeder Klausur 0 Punkte bekommen würde, und dann auch noch von der EU einen Weg gezeigt bekommt, wie das gehen könnte. Die bayrische Bürokratie, die schon in Bonn sehr erfolgreich war, scheint auch in Brüssel gute Leute sitzen zu haben.

Volksverdummung durch Lüge? Es wurde schon gesagt, Politik ist kein wissenschaftliches Seminar, aber es geht auch nicht an, mit rechtswidrigen Parolen Wähler zu locken. Vielleicht sollte man sich an dem König Friedrich II. , dem „alten Fritz" orientieren, der allen Ernstes der Preußischen Akademie die Frage vorlegte, ob man die Bevölkerung dumm und ungebildet lassen sollte oder möglichst aufgeklärt. Die Antwort lautete, wie bei diesem Aufklärer unter den Königen selbstverständlich, die Bevölkerung müsse so gebildet wie möglich sein, und dies nicht nur, weil man bei der Artillerie elementare physikalische Grundsätze benötigt.

Interessant ist ein Vergleich der beiden wichtigsten deutschen Tageszeitungen, der FAZ und der SZ. Zwar gehört die FAZ zu den nur drei europäischen Zeitungen, die noch global berichten, wie sonst nur Le Monde und die Neue Züricher, ihr Feuilleton ist noch immer auf hohem Niveau und am ergiebigsten, was die Gefahren des Internet und der digitalen Welt angeht, aber immer wieder schleichen sich bei ihr Wertungen, ja Geschmacklosigkeiten ein, die man nicht tolerieren kann. Nur ein kleines Beispiel: wenn die FAZ auf der ersten Seite ein Bild von einem völlig überfüllten Badestrand bringt und als Bildunterschrift nur „Hartz IV", dann steckt dahinter kein „kluger Kopf", mit dem dieses Blatt früher warb, sondern Arroganz, ja Unverschämtheit.

Die SZ ist nicht nur liberaler, sondern wirkt auch humorvoller und menschenfreundlicher, zukunftsorientierter, ja vom Gedanken der Aufklärung geprägt, weniger affirmativ und ist journalistisch besser gemacht. Gesellschaftliche Probleme werden oft von der SZ aufgeschlossen und von der FAZ wieder geschlossen, wobei die inhaltliche Breite dieser Zeitung von keiner Tageszeitung in Deutschland erreicht wird, weshalb sie mit diesen Einschränkungen empfehlenswert ist. Was die Bundesregierung und Frau Merkel angeht, hat die FAZ auch von Verteidigung auf Angriff umgestellt, was notwendig erscheint.

Es ist ein wichtiges Ziel für ein unabhängiges Urteil, sich nicht nur aus einer Quelle zu informieren, wobei die Genügsamkeit vieler Akademiker und selbst Schriftstellern auffällt, die darauf verzichten, ein überregionales Blatt zu lesen und sich mit einer Regionalzeitung und dem Fernsehen begnügen .Manche sind abends schon zu abgeschlafft, manche auch zu geizig, viele knapp bei Kasse. Als Minimalversorgung an schlechten Nachrichten ist die Tagesschau aber durchaus geeignet. Den geistigen Frieden kann man sich am besten erhalten, wenn man wichtige negative Informationen gar nicht an sich heran lässt.

Ungleichzeitigkeit der Wahrnehmung

Ein interessantes Phänomen, das schon den großen Tübinger
Philosophen Ernst Bloch fasziniert hatte, war dabei die
Ungleichzeitigkeit der Wahrnehmung, in der die Menschen
lebten, was aber wohl zur psychischen Diätetik notwendig ist.
Viele erfreuen sich ihres Wohlergehens auf Grund der
Leistungen ihrer Vorfahren und sind satt und zufrieden.
Anderen wird die Gegenwart zur Qual und die Flucht aus der
Wirklichkeit im Rausch oder ständigem Reisen zur
Notwendigkeit. Die These von Marx , das „Sein" in Beruf,
Gesellschaft , Familie usw. bestimme das Bewusstsein, das
heißt, wie sich der Mensch selbst einordne und fühle, ist
zutreffend, führt aber leider oft dazu, dass der konkrete
individuelle Mensch hinter seiner Rolle zurücktritt und das
Verständnis der Menschen für einander abnimmt. Vor allem
wenn wie jetzt der Existenzkampf für die meisten härter wird.

Menschen, wie das unglückliche Karlsruher Original Kuno
Bärenbold (kein Pseudonym), sind hier zu erwähnen, der im
Affekt seine Frau umgebracht hatte und lange hinter Gittern
dafür gebüßt hatte. Dort war er ein großer Freund der
Literatur geworden. Seine Maxime wurde „wenn man
bedenkt, was zwischen Menschen möglich wäre und nicht
geschieht, wird man traurig". Recht hatte er .Das Leben sollte
daher nicht nur aus Rollenspielen nach dem Muster
bestehen: Ich als Jurist kann unmöglich gesehen werden, wie
ich mich mit einem ehemaligen Zuchthäusler auf der Straße
unterhalte, oder ich als Unternehmer kann einen

Schwiegersohn, der bei Verdi ist, doch nicht tolerieren. Vielmehr muss der Mensch über alles selbstbezogene Sein wissen, dass er Mensch unter Menschen ist und danach handeln. Ein Urteil über Menschen wird umso sicherer sein, je weniger Vorurteil hinter einer Meinung erkennbar ist. Das psychische Bezugssystem, das ein Mensch zum Überleben braucht, wird dabei höchst verschieden sein.

 Der Schriftsteller Hermann Lenz berichtet von einem Kameraden an der Ostfront, der sich damit tröstet, er sei nur irrtümlich dort und eigentlich für einen Einsatz in Afrika bestimmt gewesen. Eine alte Dame aus württembergischem Uradel hingegen, die mit bewundernswerter Contenance allein lebt, erzählte einmal, wenn der Erste Weltkrieg anders ausgegangen wäre, wäre ihr Vater Flügeladjutant bei Kaiser Wilhelm II. geworden. So braucht jeder Mensch einen Bereich, wo er zuhause ist, und nach Jean Paul ist dies die Erinnerung, seine Heimat, ein Paradies, aus dem er nicht vertrieben werden kann.

Wer seine Bemühung nur darauf richtet, psychisch und physisch seinen status quo zu verteidigen, wird nach ein paar Jahren feststellen, dass sich der status quo minus einstellt. Dies gilt selbst für Staaten, die sich Entwicklungen verschließen.

Die Ataraxia ,die Ruhe des Gemüts, in der Antike ein wichtiges Ziel, dürfte heute als Faulheit oder Trägheit angesehen werden, entblödet man sich doch nicht „nachhaltige Mobilität" zu fordern, wie es Mappus tat. Kaum ist eine technische Lösung auf dem Markt, muss aus

Wettbewerbsgründen eine bessere her mit immer kürzeren technischen Generationenfolgen. Der Soziologe Rosa aus dem Schwarzwald hat diesen Spuk entzaubert und auf diese Folge des Kapitalismus als erster hingewiesen. Der Kapitalismus ist mehr oder weniger versteckt die Ursache für alle Fehlentwicklungen, unter denen die Gesellschaft bei uns leidet , was immer mehr Menschen bewusst wird. Im Kampf gegen big money hilft es aber nicht, wie bei „occupy wallstreet", im Frankfurter Bankenviertel mit Schlafsack zu campen. Da lächeln die Bangster nur. Subtiler erscheint es, das Internet richtig zu nutzen als einem schon weitgehend sozialisiertem Produktionsmittel.

Ist dieser riesige Brocken Kapitalismus auf dem Weg zu einer menschlicheren Gesellschaft beseitigt, kann man sich Aufgaben wie der „Entschleunigung" annehmen, um die es wieder recht ruhig geworden ist. Solange niemand ein schlüssiges Gegensystem zum Kapitalismus eingefallen ist , wird man hier nicht weiterkommen. Das eine Extrem stellt die Kulturrevolution Maos dar, die Universitätsprofessoren zur Arbeit in der Landwirtschaft zwang und China sehr zurückwarf. Das andere Extrem ist ein kapitalistisches System, das Arbeitseinkommen marginalisiert und Kapitaleinkünfte privilegiert. Ansatzpunkte für ein besseres System könnte das Steuerrecht sein und eine Verzinsung von Kapital, die maximal nicht zu höherem Einkommen führen dürfte als durch Arbeit. Piketty und Zucman sind auf dem richtigen Weg. Piketty berät jetzt die spanische Linkspartei Podemos. Bemerkenswert in diesem Zusammenhang, dass das CDU Urgestein Heiner Geissler sich als sein größtes Versagen anrechnet, das kapitalistische System nicht beseitigt zu haben, womit er in seiner Partei aber nicht viele Gesinnungsgenossen hat. Der Kampf gegen die Klimaerwärmung wird aber zwangsläufig das kapitalistische System und die Gesellschaft nachhaltig verändern. Solange aber Landtagswahlkämpfe durch die Frage entschieden werden, ob weiter Braunkohle abgebaut werden darf, sieht es in Deutschland damit schlecht aus. Wahrscheinlich bedarf es vieler kleiner und mittlerer Wetterkatastrophen, die die Menschen in die richtige Richtung lenken, wenn ein großer Knall vermieden werden soll.

Beschleunigung des Lebens

Nicht nur alte Menschen haben den Eindruck, der Strom der Zeit fließe immer schneller, und nichts habe dauerhaft Bestand. Hierin kann aber auch Hoffnung liegen: Der „Eiserne Vorhang" wurde zu einem Biotop für Flora und Fauna, der Limes gar ein Wanderweg. Der Truppenübungsplatz Münsingen wurde nach über hundert Jahren militärischer Nutzung ein vielgerühmtes Biosphärenreservat. Manchmal aber müssen in schwierigen Verhältnissen Generationen sterben, bis Vernunft einkehrt.

Eine Ursache des Unwohlseins des Menschen an unserer Zeit liegt sicher nicht zuletzt an der Überfülle der unnötigen Nachrichten, die er weder wissen will noch wissen muss, die aber von Radio, Fernsehen, Telefon und Handy, Internet, Facebook, Ipod, Smartphone, Twitter, Zeitschriften und Zeitungen ohne Ende, täglich auf ihn abgekippt werden. Beneidenswert, wer frei davon. Vor fünfzig Jahren hätte den meisten Menschen in der Region der „Schwarzwälder Bote" noch völlig gereicht. Schon soll es Familienfeste geben, wo jeder mit Handy oder Smartphone beschäftigt ist.

Negativ wirkt sich auch die Verdichtung des Zusammenlebens durch die größere Bevölkerungszahl aus. Frankfurt hatte zur Goethezeit etwa 40 000 Einwohner. Köln als größte deutsche Stadt im Mittelalter 20- Tausend. Im ländlichen Raum gab es noch große fast unberührte Gebiete. Heute steht auf jeder Wiese zumindest ein Transformatorenhäuschen, und die Verkehrseinrichtungen wetteifern um die Gunst der Nutzer in den Ballungszentren. Andererseits ist Deutschland nur etwa halb so dicht besiedelt wie die Niederlande ,die damit keine Schwierigkeiten hat.

Eine der ganz wenigen Aussagen in der Bibel, die von vielen widerlegt scheint, ist der 90. Psalm, der dem Menschen eine Lebensspanne von 70 Jahren zumisst. Und wenn's hoch kommt, heißt es darin, sind's 80 Jahre, und was daran köstlich scheint, ist doch nur vergebliche Mühe, denn es fähret schnell dahin, als flögen wir davon.

Vielleicht wäre es – nicht nur aus der Sicht der Krankenkassen – besser, auch diese Grenze wäre erhalten geblieben. Wer Pflegeheime kennt wird hier sehr nachdenklich werden. Die selbständige Lebensführung wird für die alten Menschen, nicht nur für die Singles, immer schwerer. Vom Single zum

Oldie bedarf es vieler Hilfen, und mit der Pflege ist eine Dienstleistungsindustrie von gewaltigen Ausmaßen entstanden. Viele über siebzig sind andererseits noch äußerst kregel und geben Berufs - und Lebenserfahrungen gerne weiter, was freilich nicht einfach ist, wenn die Kinder in Hamburg wohnen und die Großeltern in Waiblingen. Bei Erkrankungen der Enkel muss die Oma in Marsch gesetzt werden, weil sonst die Tochter oder die Schwiegertochter nicht mehr berufstätig sein kann. Ob noch von Familie gesprochen werden kann, wenn die Globalisierung es „notwendig" macht, dass ein Kind in den USA wohnt und eines in Australien und man Geburtstage als „Schaltkonferenz " feiert. ist fraglich. Vielleicht ist es in so einer Zeit wirklich besser die Eizellen einzufrieren bis normalere Verhältnisse einkehren.

Schön ist es, wenn die Oldies noch einen Beruf oder ein Hobby ausüben können. Zu einem Zahnarzt über siebzig würden wenige gehen, aber ein Künstler und reife Persönlichkeiten könnten bei der Erziehung des Menschengeschlechts, von der G. E. Lessing so hoffnungsvoll sprach, vielleicht doch noch nützlich sein, wenn sie sich selbst dabei zurücknehmen und nicht auf dem Stand ihrer Kindheit beharren.

Handwerker können sich immer nützlich einbringen, vielleicht nicht auf dem neuesten Stand der Technik, aber auf den unterschiedlichsten Gebieten schon in Haus und Garten oder gar in Entwicklungsländern ihr Wissen vermitteln.

Es dürfte richtig sein, dass die Grundfragen des individuellen
menschlichen Lebens über die Zeiten im Wesentlichen gleich
bleiben. Die großen Probleme der Menschheit kommen
durch die Machtinteressen der Staaten, die die Menschen
zermalmen können, wie man in den Kriegen des 20.
Jahrhunderts und auch heute noch in vielen Teilen der Erde
sieht. Erschütternd ist dabei, wie tief die menschliche Natur
Im Krieg fallen kann, und wie schnell nach oben der sittliche
Plafond erreicht wird.

Kurios ist es, wie weit die Infiltration aus politischen Gründen
dabei gehen kann. Abstrakte Malerei gab es zum Beispiel in
der klassischen Moderne in Europa schon zu Beginn des 20.
Jahrhunderts, wie auch bei den Suprematen in Russland nach
dem ersten Weltkrieg. Wer hätte aber gedacht, dass daraus
einmal ein Thema für Geheimdienste werden könnte? Wie
die FAZ berichtete, war der CIA allen Ernstes beauftragt, die
abstrakte Malerei des Westens zu fördern, um den
sozialistischen Realismus zurückzudrängen. Schade, dass der
CIA sich in seiner Geschichte nicht auf derartige Aufgaben
beschränkt hat..

Ein bemerkenswertes Ergebnis bei der Bundestagswahl im
Herbst 2013 war, dass die CDU einen Partner aus dem linken
Lager brauchte, um regieren zu können, was gern übersehen
wird. Lenin behauptete einmal in Deutschland fände der
politische Urprozess statt, da darf man gespannt sein,
ruhiger dürfte es nicht werden. Die Probleme werden sich
nicht durch Zeitablauf von selbst erledigen.und werden
durch die demographische Entwicklung ständig größer.

Vielleicht wäre spätestens im Europa Wahlkampf oder
zuvor auch einmal ein Anlass für eine kostenfreie menschliche
Geste für die Bewohner der Südländer angebracht gewesen.

Es dürften kaum die Busfahrer und Verkäuferinnen gewesen
sein, die „über ihre Verhältnisse" gelebt haben. Aber hierzu
hörte man kein Wort, wie auch zu der horrenden
Jugendarbeitslosigkeit in Südeuropa, wobei die
Einschränkungen, denen zum Beispiel die Griechen ausgesetzt
waren, auch bei unserer Bevölkerung auf Protest gestoßen
wären, was in Deutschland viel heißen will, ist der Michel
doch sonst immer sehr schläfrig, und zum Protest muss man
ja aufstehen.

Verfall des Gesundheitssystems

Auf keinem Gebiet abgesehen vom Bildungsbereich ist der
Niveau Verlust in Deutschland so spürbar wie im
Gesundheitswesen. Dies hat mehrere Gründe. Ein
Krankenhaus in der Rechtsform einer Aktiengesellschaft wäre
früher als Perversion betrachtet worden, liegt doch auf der
Hand, dass der für die Dividende notwendige Gewinn nur auf
Kosten der Patienten und des Personals „erwirtschaftet"
werden kann. Der kaufmännische Direktor eines Spitals ist
wichtiger als der ärztliche, deshalb muss an allem, auch an
der Hygiene gespart werden. mit der Folge von etwa 15 000
Toten nur wegen fehlender Hygiene in den Spitälern. Es

fehlen Tausende von Hygiene Ärzten in Deutschland und auch eine wenn auch kurze Quarantäne neuer Patienten wie in Holland. Es ist kein Geheimnis, dass Operationen erfolgen, weil es nicht medizinisch, sondern betriebswirtschaftlich indiziert ist. Wenn auch das Medizinwesen dem Kapitalismus geopfert wird, braucht man sich über all dies nicht zu wundern. Auch das Nebeneinander von Kassen –und Privatpatienten zu sehr unterschiedlichen Bedingungen ist höchst bedenklich und war Hippokrates fremd. Interessant ist, dass die Privaten Kassen ausgerechnet von der Gewerkschaft Unterstützung erhalten, geht es doch um rund 100 000 Arbeitsplätze bei diesen.

Niemand wird sagen können, das müsse so sein, denn es war nicht immer so. Auch hier liegen die Fehler offen zutage, aber niemand geht ran, dabei kann doch in einer freien Gesellschaft, die Bundespräsident Gauck immer betont, auch von der Redefreiheit Gebrauch gemacht werden, und niemand wird verhaftet, wenn er auf kapitalistische Fehlentwicklungen auf Kosten der Menschlichkeit hinweist. Oder überzieht er damit schon die im Grundgesetz garantierte Meinungsfreiheit?

Nachdem nun viele staatliche und gesellschaftliche Fehlentwicklungen aufgezeigt sind stellt sich die Frage, ob, wie und wo Verbesserungen möglich sind.

Bildung als Chance ?

Bildung scheint für die Politik eine Zauberformel geworden zu sein , mit der man glaubt ,alle gesellschaftlichen Probleme lösen zu können.

Die Entwicklung ist quantitativ überaus beeindruckend. Waren es vor vierzig Jahren gut zehn Prozent eines Jahrgangs , die das Abitur absolvierten, ist es heute die Hälfte eines Jahrganges. Dabei ist der Weg zum Abitur so aufgefächert und durchlässig, dass er mit dem Abitur der Fünfziger- oder Sechziger Jahre nicht vergleichbar ist. Seit langem sind es auch nicht mehr die sogenannten Bildungsbürger, die früher bei den Gymnasien den Ton angaben und oft eine Arroganz an den Tag legten, die auf wenig echte Bildung schließen ließ. Reste dieses Denkens scheinen noch vorhanden zu sein, wenn man liest, das Latein habe einen Aufschwung. Wenn fast jeder Abitur habe, könne man sich so wenigstens etwas abgrenzen. Die Öffnung des Gymnasiums für ein Drittel der Schüler in den achtziger Jahren und zuletzt zur zweiten Standardschule neben der Realschule stellt einen enormen gesellschaftlichen Umbruch dar und eine Demokratisierung des Schul- und Hochschulwesens wie nie zuvor.

Zuvor mussten sich die Gymnasien ändern und spezifizieren, vom Hauswirtschaftlichen Gymnasium bis zum Altsprachlichen gibt es eine Fülle von Formen, die den unterschiedlichen Begabungen gerecht werden. Entscheidend ist auch hier der Gedanke der Chancengleichheit.

Nicht jedes Elternhaus kann die Kinder gleich fördern, da
bietet sich die Gemeinschaftsschule oder ein System von
Kursen an. Kommt die Inklusion hinzu, ohne dass Lehrer dazu
kommen, kann es leicht zur Überforderung von Schülern und
Lehrern kommen, eine Feststellung, die nicht der Ideologie
geopfert werden darf. Das Schrumpfen der Stoffpläne und
der Verzicht auf Wissen ist für viele Bildungsbürger ein
Kriterium, um die ganze Entwicklung abzulehnen, und
manchmal ist wohl auch zu sehr „entrümpelt" worden.
Würde man aber evaluieren, was zum Beispiel an
Geschichtszahlen schon wenige Jahre nach Verlassen der
Schule versickert ist, erscheint es nicht als Manko von
vornherein, auf die Kenntnis von Hannibals Schlachten zu
verzichten.

Ein gravierendes Problem ist dagegen, dass die
Hochschulreife, das heißt die Fähigkeit selbst zu lernen und
sich ein Problem zu erarbeiten, oft nur auf dem Papier zu
bestehen scheint, wenn man liest, dass ein Drittel aller
Studenten das Studium abbricht und bei den Mathematikern
sogar jeder zweite. Der Abbruch des Studiums kann auch
soziale oder psychologische Gründe haben, die hohe Zahl an
Abbrechern gibt aber doch zu denken zumal diese den
Betrieb an der Uni zunächst nicht wenig belasten.
Gleichwohl sind die Politiker, seit der Humanist Georg Picht
1964 dazu den Anstoß gab, parteiübergreifend unablässig
dabei, die Zahl der Studenten zu steigern. Hätte die Uni nicht
durch die Fachhochschulen und Berufsakademien
Einrichtungen zur Seite bekommen, die sach - und
fachgerecht gediegene Ausbildung vermitteln, wäre der

Betrieb an den Universitäten längst zusammengebrochen. Die Universitäten beklagen sich über das Niveau der Studienanfänger und bemühen sich, diese durch Kurse fit zu machen für das eigentliche Studium.

Übersehen wird häufig, dass im ganzen Schul - und Hochschulbereich in den letzten sieben Jahrzenten ausschließlich Erleichterungen eingebaut wurden, nicht eine Erschwerung. Die guten und sehr guten Noten sind zur Regel geworden. Der Wegfall der verbindlichen Schulempfehlung und der Ansturm von Migrantenkindern auf das Gymnasiumtun tut ein Übriges, um den Charakter dieser Schulart zu ändern. Wer will es ihnen verdenken, wenn in Deutschland die Karriere vermeintlich schon auf dem Gymnasium beginnt, und Bildung oft genug mit Ausbildung verwechselt wird. Bildung ergibt sich keineswegs aus der Kenntnis von Latein und Altgriechisch deren Vokabeln noch schneller verschwinden als die Geschichtszahlen. Humanismus äußert sich nicht in lateinischen Zitaten, sondern schlicht in Menschlichkeit gegenüber seinen Mitmenschen. Latein lässt sich heute allenfalls in Monologen verwenden und stellt wie Altgriechisch nur noch einen Zopf dar, den man wegen des damit scheinbar verbundenen Humanismus sich nicht abzuschneiden getraut. Selbst Kaiser Wilhelm II., der bekanntlich kein Bildungsbürger war , hatte Bedenken gegen die Lehrinhalte auf den deutschen Gymnasien und tadelte sie, weil sie statt Deutsche junge Griechen und Römer erziehen würden. Interessant ist ein Blick über den Rhein. In Frankreich erreichen 80 % der Schüler das Abitur.

124

Dennoch liegen die Probleme im Bildungsbereich nicht an der Spitze sondern an der Basis, kommen doch die Studienabbrecher mit staatlicher Hilfe noch zurecht, während die Hauptschule vernachlässigt erscheint. Das Kultur und high tech Land Deutschland weist nicht weniger als sieben Millionen Analphabeten und Schulabbrecher auf. Das ist amtlich. Auch wenn dieser Personenkreis nie in talkshows oder anderen Medien auftritt, dafür meint man wohl ist er nicht attraktiv genug gehört doch zur Talkshow auch etwas Eitelkeit eben „Show". Diese funktionalen Analphabeten, die vom Schulsystem selbst erzeugt werden, können, wenn überhaupt, höchst mühsam auf den Stand normaler Entlassschüler gebracht werden . Hier wachsen soziale Probleme heran, die leider gern ignoriert werden."Ninby" not in my backyard sagt der Angelsachse zu derartigen „Inferioren" Problemen.

Die Grundschule brachte es früher in unspektakulärer Weise fertig, dass jeder Schüler nach vier Jahren lesen und schreiben konnte und die Grundrechenarten beherrsc hte, was heute leider nicht mehr der Fall ist.

Andererseits ist auf den ehemaligen Sonderschüler Hück zu verweisen, der nicht nur Europameister im Kickboxen ist, sondern auch ein wortgewandter überzeugender Betriebsratsvorsitzender bei Porsche. Einer Firma, der es so gut geht, dass sie Herrn Wiedeking als Chef ein Jahresgehalt von mehr als 100 Mio. Euro zahlen konnte, was manche schon als Gefährdung des sozialen Friedens betrachten.

Insgesamt ist das deutsche Bildungssystem vielgestaltig. Hemmend wirkt der Föderalismus mit der Zuschreibung der Kulturhoheit an die Länder und höchst unterschiedlichen Gestaltungen im Schulbereich, die auf die Formel gebracht werden können „Vater versetzt, Kind sitzengeblieben".

450 Universitäten und Hochschulen gilt es von den Ländern zu unterhalten, und es wäre sinnvoll, wenn der Bund nicht das BAFÖG, sondern essentiellere Bereiche finanzieren bzw. mitfinanzieren würde, was ihm bislang rechtlich nur zum Teil möglich ist.

Nachteilig wirkt sich auch aus, dass vielen Studenten der „Biss" fehlt, der in der Wissenschaft unerlässlich ist. Hier dürften es aber gerade die Studenten aus „guten" Verhältnissen sein, die sich noch nie ernsthaft anstrengen mussten. An dieser Stelle könnte man auch zwischen „hungrigen" und „satten" Völkern unterscheiden, für die das Gleiche gilt.

Insgesamt gilt für Bildung, Schule und Universität, dass die Qualität und nicht die Quantität entscheidet.

Religion als Chance ?

Eine flankierende Wirkung bei der zumindest von manchen noch immer ersehnten Verbesserung des Menschengeschlechts kam aus einer Ecke, von der man sie

nicht mehr erwartet hatte, dem Vatikan. Der neue Papst
hatte sich schon mit dem Namen Franziskus programmiert
und behielt diese Haltung konsequent bei.

Er wusste um die Wirkung des Vorbilds und setzte nicht auf
kirchliche Pracht und Lehrsätze wie sein Vorgänger, sondern
auf die Vertreter der Kirche selbst, wo er ein reiches, seit
langem nicht mehr beackertes Betätigungsfeld fand. Kein
Papst vor ihm dürfte sich mit dem Kapitalismus ähnlich
kritisch auseinander gesetzt haben wie er. Und keiner hatte
es zugleich mit einem Bischof zu tun wie dem Limburger
Tebartz von Eltz, dessen Geschmack - bei Bischöfen selten -
von Oscar Wilde beeinflusst erschien, der als Regel für den
guten Geschmack formuliert hatte, immer nur das Beste.

Die Stärke des Papstes war die Konsequenz seines Vorgehens,
und es ist vorstellbar, dass er im eigenen engeren Lager des
Vatikans bald mehr Gegner haben könnte als außerhalb. Wie
bei den großen Dichtern half ihm sicher die Erfahrung der
Armut in der Kindheit und der südamerikanischen
Lebensverhältnisse. Einen guten Theologen zu finden, der
zugleich noch lebensklug und warmherzig ist, ist nicht
einfach, zumal der Vergleich von Examensnoten dabei wenig
hilft, während diese Methode bei Juristen als ausschließlich
sinnvoll angesehen wird. Bei Ausnahmen kann es dann bei
der Beerdigung heißen," obwohl der Verstorbene im Examen
nur ein ausreichend erzielte, wurde er doch noch zu einem
herausragenden Oberpostpräsidenten".

Außerhalb Limburgs, wo viele die Kirche verließen, wurde sie
wieder für andere durch Franziskus ein religiöser und
127

mentaler Halt, während ganz böse Leute über die
Evangelische Kirche sagen, sie solle erwägen, ob sie nicht
langfristig mit der Sozialdemokratie oder den Grünen
fusionieren wolle, wobei noch bösere Menschen befürchten,
dies könnte beide in den Abgrund reißen. Der frühere
Innenminister Beckstein hielt es sogar für notwendig, der
EKD vorzuwerfen, sie sei zu wenig fromm.

Wie stark der Papst Franziskus durch die Klarheit seiner
Aussagen das Meinungsbild beeinflussen kann, sah man
zuletzt an der Wirkung seiner Umweltenzyklika, an der im
Wesentlichen nur die FAZ etwas auszusetzen fand.

Leider war es so, dass die Hilfe von Papst und Kirche sehr"
moderat „ausfiel als die Flüchtlinge nach Europa kamen. Oder
hatten die Flüchtlinge die falsche Konfession ?

Vielen, selbst Gutwilligen, erscheint die Theologie insgesamt
als Wissenschaft ohne jeden Fortschritt. Was für die Parusie
die Naherwartung der Wiederkehr Jesu galt , erweist sich je
länger je mehr als vergebliche Hoffnung , wie auch die
Verheißungen der Bergpredigt. Selbst im „heiligen Korntal"
steht die „Jerusalemkutsche" nicht mehr in der Mitte des
Ortes bereit, um Kranke und Gebrechliche aufzunehmen und
dem Herrn entgegenzufahren. Doch haben beide Kirchen
noch viele Immobilien und Planstellen, was ihnen Dauer
verleiht und ermöglicht, den Kern der Lehre zu
vernachlässigen, weil noch das Lämpchen Kirchensteuer
leuchtet.

Am populärsten wäre das franziskanische Denken bei uns
sicher, wenn man es mit steuerlichen Vorteilen verbinden
könnte, wonach es zur Zeit nicht aussieht.

 Wird doch bei den Betriebskosten nicht der kleinste, sondern
der größte Aufwand prämiert, was zum Beispiel bei den Autos
dazu führt, dass man am liebsten Geländewagen baut, deren
Volumen schon an Schützenpanzer erinnert. Die positive
Wirkung der Armut in Biographien von Dichtern, Päpsten und
anderen rührt davon her, dass sie lehrt, schon früh zu
relativieren, was wichtig ist und was nicht, wobei für Kinder
der ständige Verzicht auch eine große Härte ist. Vielleicht
hört man das konsumfeindliche Lied „Heinerle, Heinerle, hab
kein Geld…." wegen der Gefährdung des Wachstums im
Gegensatz zu den fünfziger Jahren nicht mehr im Rundfunk.

Zu den Grundsätzen der Steuererhebung gehört zwar, dass
sie keine Nebenzwecke und nur die Einnahmeerzielung für
den Staat haben sollen, gleichwohl können Steuern ein
ideales Instrument für staatliche Verhaltenslenkung sein,
wie sich zum Beispiel bei der Tabaksteuer zeigt.

Interessant ist, dass die Wirtschaftspresse dem Papst
vorwirft, er verstehe die Marktwirtschaft nicht und gehe zu
sehr von argentinischen Verhältnissen aus. Man wird sehen,
wer auf Dauer mehr überzeugt.

Ob hingegen Küngs Projekt Weltethos je eine Breitenwirkung
haben und zu faktischen Veränderungen auf dem Globus
führen wird, muss bezweifelt werden. Dies gilt auch für die

Aktion Werte Welten, die bei der Kultur und gemeinsamen Werten ansetzt.

Als wissenschaftliche Projekte, die Gleichheiten in den Weltreligionen und gemeinsame Wertvorstellungen herausstellen, sind beide sicher großartig. Gegen einen nachhaltigen Erfolg dürfte schon sprechen, dass sie von Tübingen und nicht von Mumbai ausgehen, und die faktischen Lebensverhältnisse viel zu unterschiedlich.

Interessant ist eine späte Erleuchtung des Dalai Lama, der dartut, dass alle Religionen ein Gewaltpotential haben und daher betont, dass Ethik wichtiger als Religionen sind.

Insgesamt kann man sich eine Erneuerung Europas aus dem Geist des Christentums, konkretisiert in der Nächstenliebe und dem Samaritertum, als breite Bewegung in der Bevölkerung nicht mehr vorstellen, und das Werk des zarten Novalis „Die Christenheit oder Europa" mit dem Bild eines christlich geeinten Europas könnte heute nicht mehr entstehen. Den Papst, auch einzelne herausragende Persönlichkeiten, die sich für andere aufopfern, gab und gibt es gewiss. Die Täter des Worts wie es in Jacobus 1 Vers 22 hieß, sind im Vergleich zu den bloßen Hörern des Worts sehr selten. Das Christentum ist der Säkularisierung in Europa und Amerika schon so weit zum Opfer gefallen, dass es zu einer kraftvollen Massenbewegung nicht mehr kommen kann. Es hat zu sehr mit dem Geld paktiert. Dies gilt zumindest für die Kirchen, nicht aber für die wenigen ernsthaften Christen, die es trotz allem immer noch gibt.

Wenn das Benediktinerkloster in Weingarten nach eintausendjährigem Bestehen aufgelöst werden musste, ist dies freilich nicht nur ein regionales Ereignis, sondern das Ende einer kulturgeschichtlichen Epoche. Die kirchlichen Orden haben heute den niedrigsten Mitgliederstand ihrer Geschichte, die bei den Benediktinern schon fast fünfzehnhundert Jahre andauert . Ohne diese hätte es keine Überlieferung zwischen Antike und Neuzeit gegeben. Eine Feststellung, die heute leider niemand interessiert, obwohl sie von größter kulturhistorischer Bedeutung ist.

Beide christliche Konfessionen in Deutschland haben fast genau exakt 25 Millionen Mitglieder, wobei die Mitgliedschaft oft sehr formal sein und nicht über die Zahlung von Kirchensteuer (immerhin) hinausgehen dürfte. Dagegen gibt es in Deutschland 30 Millionen Konfessionslose und Muslims, was zu wenig beachtet wird. Bemerkenswert ist, dass nach wissenschaftlichen Untersuchungen der Glaube und das konfessionelle Denken bei globaler Betrachtung nirgendwo so verkümmert ist wie nach vierzig Jahren Sozialismus in der DDR. So schnell geht das. Bei Umfragen im Jahr 2015 gaben 61% der Deutschen an Religion und Glaube hätten für sie keine oder nur geringe Bedeutung.

Im Osten Deutschlands waren dies sogar 83 %.Positiv ist, dass Deutschland toleranter wird.47 % der Befragten erklärten der Islam gehöre zu Deutschland, bei den 14-29 Jährigen waren dies sogar 65 %.

Leider sind auch im Übrigen die Unterschiede zwischen Ost und West noch sehr groß, obwohl die Wiedervereinigung
131

schon 25 Jahre zurückliegt. Die Produktivität im Osten, und
damit die Löhne, hängen nach wie vor zurück, und noch
immer kostet die Wiedervereinigung fortlaufend viel Geld.
Auch kulturell ist es zu keiner intensiven Durchdringung
gekommen, und traurig aber wahr ist, was ein"Ossi" kürzlich
äußerte: „Im Grunde braucht ihr uns immer noch nicht." Sehr
schade.

Wissenschaft und Kunst als Chance

In der Wissenschaft ist zur Zeit noch eine Dominanz der USA
festzustellen, die aber auch hier von Importen aus anderen
Ländern lebt. Noch immer kann die USA als führende
Wirtschafts- und Militärmacht angesehen werden, wobei die
NSA einen großen Teil der technischen und materiellen
Kompetenz im Bereich der Elektronik absorbiert haben
dürfte. Je mehr man über das Reich der NSA erfährt, desto
mehr kann man nur den Kopf schütteln und bezweifeln, ob
sich dieser Aufwand an Geld und Geist je lohnen wird, von
der Frage ganz abgesehen, wie man es rechtfertigen will
Freund und Feind gleichermaßen auszuspionieren, was die
früheren Außenminister Albright und Fischer aber für
selbstverständlich halten.

Während die USA schon lange Wissenschaftler aus der ganzen
nichtsozialistischen Welt anzuwerben gezwungen ist, hat
China noch bei weitem nicht sein eigenes Potential an Köpfen

erschlossen .In den nächsten 20 bis 30 Jahren wird China an den USA vorbeiziehen, auch wenn die USA von Europa unterstützt wird. Geht man von den Nobelpreisen als Kriterium für den Stand der Forschung aus bleiben die Amerikaner noch auf vielen Feldern unter sich. Das wird nicht immer so bleiben. Seltsam ist manchmal die Auswahl von amerikanischen Ökonomen, die für Leistungen in der Bewertung von Aktien prämiert werden und sich nur wenige Monate danach als Hedgefond Manager erweisen, deren Fonds mit Riesenaufwand vor dem völligen Absturz bewahrt werden müssen.

In den Naturwissenschaften wird das entscheidende Problem der nächsten Jahrzehnte sein, wie man einerseits die Klimaerwärmung in Schach hält und andererseits ausreichend für Energie sorgt.

Für die Sozialwissenschaften, speziell die Soziologie, wird es entscheidend werden darzustellen, welche gesellschaftlichen Modelle zukunftsfähig sind und welche zum Scheitern führen müssen. Hier ist der Westen mit dem Kapitalismus nicht gut aufgestellt.

Interessant ist, was im gesellschaftlichen Prozess über die ästhetische Wirkung hinaus, durch die Kunst bewegt werden kann.

Zwischen Wissenschaft und Kunst stehen die Museen, die heute in der Präsentation und der Pädagogik mit Museen noch der siebziger Jahre des vorigen Jahrhunderts nicht zu vergleichen sind. Sie stellen heute Lernorte dar, deren

Möglichkeiten leider nicht ausreichend genutzt zu werden scheinen.

Insgesamt ist es heute ohne Risiko, die Religion zu kritisieren, da die Säkularisierung fast alle Tabus beseitigt hat und kein Scheiterhaufen mehr wartet. Die Pussy Riots im Kölner Dom wären auch bei uns noch eine Meldung, aber nur für einen Tag. Die Fülle an Nachrichten sorgt dafür, dass jeden Tag für einen neuen Skandal gesorgt ist. Es wirkt daher treuherzig, wenn die" Ostseezeitung" mit dem Slogan wirbt „Jeden Tag mit neuem Inhalt".

Im Gegensatz zur Kritik an der Religion ist Kritik am Kunstbetrieb und der Kunst selbst ein nahezu tollkühnes Unternehmen, da man auf eine geschlossene Abwehrfront von Nutznießern trifft, deren Argumente freilich bei Licht besehen oft an des Kaisers neue Kleider erinnern.

Sehr skeptisch bezüglich der Wirkung der Kunstförderung war das Buch „Der Kulturinfarkt", das vorsorglich gleich von vier Experten aus Deutschland und der Schweiz geschrieben wurde. Es versuchte, Fehlentwicklungen aufzuzeigen und konstatierte „Von allem zu viel und überall das Gleiche". Das Buch wurde leider kein Bestseller und prallte am Selbstbehauptungswillen des Kulturapparates ab. Eine These wie „Zuviel Geld für Kultur schadet nur" wird in der Kunstszene nie viel Anhänger finden, und Kritik am Mythos vom Kulturstaat wird von Politikern als Axt am Tempel des Wahren, Schönen, Guten empfunden werden. So werden die Subventionskultur und ihre Auswüchse weitergehen. Das Unbehagen in der Kultur, von dem schon Freud sprach, wird hier in ganz anderer Form deutlich. Unsere Kultur und Kunst ist nicht einmal in der Lage, bzw. wagt es nicht mehr, sich selbst zu deuten und zu analysieren, und ist daher schon deshalb unfähig, den Menschen vom generellen Unbehagen in der Kultur, das Freud meinte, zu befreien.

In dem zitierten Buch wird das so populäre Programm „Kultur für alle" als Höhepunkt der bürgerlichen Bildungsutopie entlarvt, die tief in der deutschen Klassik wurzelt und sich die ästhetische Erziehung des Menschengeschlechts vorgenommen hatte. Ein Ideal aus der Zeit der aufgeklärten Aristokratie, das also vordemokratisch ist. Der mündige Bürger in der Demokratie lässt sich von der Kulturpolitik nicht vorschreiben, wie er sein Leben zu gestalten hat. Er lässt sich im Grunde gar nichts vorschreiben, das er nicht selbst bejaht. Die Autoren bemängeln zu Recht, dass es in der Politik überall um Zukunftsgestaltung geht, nur in der Kultur geht's um Vergangenheit, um Strukturerhaltung und moralische Selbstverteidigung.

Die Verfasser weisen darauf hin, dass Europa die teuerste Kulturlandschaft der Welt darstellt, aber in der Wirkung über Europa kaum hinauskommt. Als Kernübel wird die Staatsnähe angesehen.

Adorno hat zwar recht, wenn er sagt „Wer Kultur sagt, sagt auch Verwaltung", aber darum geht es hier nicht. Es geht um die durchgängige Affinität zwischen Kunst und Staat, nicht nur als finanziellem Förderer. Schon 1937 sprach Herbert Marcuse vom affirmativen Charakter der Kultur. Die Kunst beißt nicht die Hand, die sie füttert. Man vergleiche das
135

Wirken der zahmen geförderten Bühnen und das „Off Theater".

Wo soll denn die zukunftsweisende Funktion der Theater herkommen, wenn man sich mit einem Partner verbündet, der an Veränderungen nicht interessiert , ja dagegen ist?

Interessant zu beobachten war, wie in den neunziger Jahren bei formaler Beibehaltung aller Maximen von der Freiheit der Kunst, ohne scheinbaren Grund Museen und andere Einrichtungen im Kulturbereich als Stiftungen firmieren mussten, die nicht zu Erträgen führten, sondern jährlich mühsam aus dem Haushalt aufzufüllen waren. Der Grund war, dass sich dadurch in den Beiräten, Kuratorien usw. der Staat einmischen konnte, was er auch kräftig tat. Koscher war das nicht, aber verbreitet.

Schon der lateinische Dichter Horaz forderte, die Kunst möge den Menschen erfreuen oder bilden. Am Gewandhaus in Leipzig, einer Pflegestätte klassischer Musik auf höchstem Niveau, heißt es über dem Eingang „res severa verum gaudium" - die ernsthaften Dinge sind die wahre Freude, woran bei uns selbst viele Politiker in den Parlamenten scheitern würden, wurde doch selbst in der Stuttgarter Staatskanzlei schon die Devise „locker vom Hocker" ausgegeben.

Zur bildenden Kunst

Hegel hoffte zwar, dass die (bildende) Kunst sich
weiterentwickeln und vollenden möge, stellte aber zugleich
realistisch fest, ihre Form habe aufgehört, „das höchste
Bewusstsein des Geistes zu sein, weshalb wir die Knie nicht
mehr beugen würden".

Auch eine Bemerkung wie die Rilkes beim Anblick eines
apollinischen Torsos „ Du musst Dein Leben ändern" wäre
heute nicht mehr möglich.

Viel schärfer charakterisiert der peruanische
Literaturnobelpreisträger Gabriel Marcel Llosa die Situation
der bildenden Kunst in seinem Buch „Alles Boulevard" und
spricht von einem „Kunterbunten Amüsierbetrieb" und
warnt: „Wer seine Kultur verliert, verliert sich selbst."
Vielleicht hat der CIA als Lenker der Kunstströmungen im
Kalten Krieg doch nicht immer das richtige Gespür gehabt.
Immerhin ist sein Wirken unbemerkt geblieben und hat wohl
selbst noch nach der Wiedervereinigung dazu geführt, dass
die Ostmaler bei Ausstellungen gern im Keller, die Westmaler
in der Beletage gezeigt werden.

Llosa wird man entgegenhalten, dass er ein alter Herr ist, und
die ältere Generation nie mit den gewandelten Auffassungen
der Jungen zurechtkommt, was sicher zum Teil stimmt, aber
seine Kritik nicht entwertet.

Schade ist, dass viele Maler und Bildhauer ,die nach wie vor
nach den Regeln der Kunst arbeiten , unter der Scharlatanerie

der Großfürsten ihrer Zunft leiden müssen ,neigt der Bürger
doch oft dazu ,alles in einen Topf zu werfen.

Es ist leider so, ob Kunst, ob Politik, wer in der Demokratie
nicht aufs Blech haut wird, offensichtlich nicht gehört.
Ausnahmen wie Gerhard Richter oder die Leipziger Schule
bestätigen die Regel.

Zur Literatur

Was bleibt, ist Literatur, Theater und Musik. Die Literatur bei
uns ist quantitativ überzeugend mit rund 80 bis 90 Tausend
Neuerscheinungen im Jahr. Davon wohl weit über einhundert
Romane, die von der Werbung als „Buch des Jahres"
angepriesen werden.

Dazu muss man wissen, dass im Iran, dem man hierzulande
allenfalls den Koran in Neuauflage zutraut, immerhin etwa
die Hälfte der Zahl unserer Neuerscheinungen auf den Markt
kommt. Dort kandidierten auch vor einiger Zeit zwei
Philosophen und ausgewiesene Kant Spezialisten um das
Präsidentenamt .Hört, hört!

Die Betrachtung von Kunst als Sachwert kennt man vor allem
von der bildenden Kunst als „Wandaktien". Überraschend
aber wahr ist, dass auch Literatur als Sachwert Spitzenpreise
im literarischen Reliquienhandel erreichen kann. Der Leser
vermutet richtig, es geht um Kafka. Taucht eine Handschrift
von Kafka auf, die wissenschaftlich längst ausgewertet und
im Grunde ohne Belang ist, kommt in Marbach und
anderswo die reine Habgier zum Ausbruch: das müssen wir

haben! Wohlgemerkt haben! Mancher erinnert sich an Erich Fromms „Haben oder Sein", und wenn es schon kein lebendiges literarisches Leben im Lande mehr gibt, weil alle satt und zufrieden sind, und es keinen einzigen Dramatiker mehr im Lande Schillers gibt, dann will man den Kafka wenigstens im Keller im Safe haben. Böse Menschen nennen solche Leute anale Charaktere, um wieder an Freud anzuknüpfen.

Kafka selbst hätte es verdient , trotz unzähliger Deutungen durch Germanisten muss er ein ganz lieber Mensch gewesen sein. So heißt es auch, sein Lieblingslied sei das Silcher Lied „Lebe wohl du kleine Gasse ,lebe wohl du stilles Dach" gewesen. Ob dies in Marbach überhaupt jemand weiß?

Der Staat hat zum Glück für solche Reliquienkäufe kein Geld, aber das braucht er auch nicht, da fließen Millionen von Sponsorengeldern, ohne dass man lange betteln muss. .

Ein anderer Heiliger des Literaturbetriebes, zumindest in Baden- Württemberg, ist Ernst Jünger, den man realistisch am besten als Dandy des Schlachtfeldes bezeichnet. Schillerpreisträger und vom Land mit einer Ernst Jünger Stiftung zur Vergabe eines Ernst Jünger Preises für Entomologie (wegen seines Hobbies) geehrt. Ein Preis für Käferkunde ist eine ungewöhnliche Ehrung für einen Literaten als Namensgeber aber vielleicht doch auch wieder passend. Man dürfte, wenn man Jünger als nekrophil bezeichnet, nicht ganz daneben liegen.

In einer marktkonformen Demokratie kann man es den
Künstlern nicht verdenken, sich auch marktkonform zu
verhalten, was am besten durch Spektakel geschieht. Es
begann mit dem Urinal von Marcel Duchamps, der ein
hundsgewöhnliches Pissbecken zum Kunstwerk, man muss
sagen, „ernannte". Eine Putzfrau würde sagen: richtig zielen
ist eine Kunst, aber das Urinal selbst? So geht die
Volksmeinung und die der Künstler und Intellektuellen oft
auseinander.

Schon längst sind die Unterschiede zwischen marketing,
offener Lüge und Wahrheit in der Kunst fast nicht
unterscheidbar geworden. Das gilt für Beuys, der seine
Biographie veredelte, was aber tendenziell ja auch jeder
Politiker, ja fast jeder, der in der Öffentlichkeit steht, heute
tut. Niemand kann verlangen, dass man an die Kunst noch so
herantritt wie Wackenroder und Tieck in ihren
„Herzensergießungen eines kunstliebenden Klosterbruders".

Am war immer wieder Günter Grass, der selbst Papst
Ratzinger versucht , in seine vita einzuspannen und sich
daran zu erinnern glaubte, dass er mit ihm in einem
Gefangenenlager unter der gleichen Zeltplane dem Regen
getrotzt habe. Seine Bedeutung als Politikberater von Willy
Brandt wird sehr unterschiedlich gesehen. Brandt selbst soll
auf die Ankündigung, Grass sei im Anmarsch, mit den Worten
reagiert haben: „Was will denn dieses Ar.........schon wieder?"

Der Vorwurf gegen Grass, er habe sich an seine Zeit als SS
Panzerschütze erst sehr spät erinnert, ist vielleicht sogar

unfair, verdrängt der Mensch das Peinliche doch am stärksten.

Martin Walser hingegen dürfte von der Gnade der späten Geburt profitiert haben, war er doch nur 6 Tage Gebirgsjäger bei der Wehrmacht. Zeit zum Blumenpflücken auf der Alm und Warten auf die Kapitulation. Je älter er wurde, desto eigentümlicher wurde er aber, was ja nicht nur bei großen Dichtern so ist. Bei einem Gespräch in Berlin erklärte er vor zum Entsetzen mancher Zuhörer: „Das Gesicht von Angela Merkel ist schön." Wie jeder weiß, liegt die Schönheit im Auge des Betrachters. Auch Linsentrübungen sind im Alter immer möglich. Bei Politikerinnen sollte man aber immer hinter das „schöne Gschau" sehen, das bei Frau Merkel ja allenfalls auch sehr zurückhaltend eingesetzt wird.

Es zeigt sich auch hier, dass die von Walser im Einklang mit der Gegenwartsphilosophie immer wieder gemachte Feststellung, zu jeder Aussage sei auch das Gegenteil richtig, viel für sich hat. Wobei sich für Nichtphilosophen die Frage ergibt, ob man überhaupt noch etwas sagen sollte. Der Philosoph Wittgenstein empfahl, der Einfachheit halber über Dinge, über die man nicht reden könne, einfach zu schweigen.

Bemerkenswerterweise scheinen die Literaten in Deutschland recht zufrieden zu sein. Burkhard Spinnen, einer ihrer Protagonisten, meinte, ihre Lage sei befriedet, und auf große ästhetische oder politische Debatten könne man gut verzichten. Man könne sagen, die Literatur in Deutschland habe ihren Platz in der pluralen postideologischen Gesellschaft gefunden.
141

Skeptiker meinen davon abweichend, sie haben ihren Platz
höchstens in der politisch korrekten Gesellschaft gefunden, in
der gesellschaftspolitische Probleme als störend empfunden
und nicht mehr wahrgenommen bzw. dargestellt werden.
Selbst in unserer absterbenden Kultur läuft der Betrieb mit
staatlichen Subventionen „wie geschmiert". Lesungen, Preise,
Talkshows, Diskussionen, Gespräche, ein unendliches
Geschwätz, wie gehabt und ohne Ergebnis. Der Untergang
des Abendlandes wurde schon vor einhundert Jahren von
Oswald Spengler proklamiert. Allmählich müssten sich
Zeichen für eine neue Morgenröte zeigen. Vielleicht im
Morgenland, und unsere Autoren sollten zumindest heraus
aus der warmen, politisch korrekten Ecke. Wer nicht sucht,
findet auch nicht. Im Zuge der Digitalisierung unserer Welt
dürfte aber auch der Literatur noch einiges bevorstehen. Ein
kleiner Vorgeschmack: Amazon veröffentlicht auf E-books die
Markierungen der Leser im Text. Bei Sloterdijks Großessay
„Die schrecklichen Kinder der Neuzeit" gibt es Markierungen
nur bis S.53 bei einem Gesamtumfang von 489 Seiten. Schon
wird die fiese Frage gestellt, warum soll etwas produziert
werden, das nicht konsumiert wird. Die Autoren von „Von
allem zu viel und überall das Gleiche" werden sich bestätigt
sehen. Eine revolutionäre Vision könnte sich aber ergeben,
wenn eine große berechnete Erzählung entsteht, die sich
nicht aus der Kreativität von Autoren speist, sondern aus der
Nachfrage von Konsumenten. Zum Beispiel: alle fünf Seiten
einen Ehebruch, alle zehn eine Scheidung , Mordversuch oä
.Eine grauenhafte Vorstellung , aber machbar.

Zum Theater

Noch viel unbefriedigender als die Situation der Bildenden
Kunst und Literatur ist die des Theaters. An Selbstlob fehlt es
nicht. Kritiker aber sprechen von Selbstaufgabe des Theaters
und vom Stadttheater als Handlanger des Kapitalismus, da
dieses es nicht mehr wage beziehungsweise fertig bringe,
auf die Probleme der Zeit eine Antwort zu finden und diese
darzustellen. Stattdessen immer noch „Gschichten aus dem
Wienerwald“, wo doch jeder die Problematik kennt und
weiß, dass sie überholt ist, und immer noch Faust I mit
seinen bildungsbürgerlichen Problemen, obwohl die
Frankfurter Ausstellung „Goethe und das Geld“ eindrucksvoll
vermittelte, dass Goethe unsere Finanzsituation schon vor
zweihundert Jahren klar voraussagte, nämlich eine Zeit, in der
man Schulden aufnehmen muss, um Schulden
zurückzuzahlen. Nirgendwo kommt die Kapitalismuskritik
schärfer zum Ausdruck als in Faust II. "It's Goethes Faust II,
stupid".! Traumhaft wäre eine Premiere von Faust II , die
ähnlich verläuft wie die Premiere von Schillers Räubern, die
das Publikum so mitriss, dass das Theater einem Tollhaus
glich.

Was unser Theater noch kann, ist die Provokation, nicht nur
der Herr Meese als Nackedei und als „Heil Hitler“ Rufer ist da
ein Meister, was man vermisst, ist die Aussage nach der
Provokation, wenn gewissermaßen alle wach sind und
warten. Dann kommt in der Regel nichts mehr. Der Insider
Stegemann stellt in der SZ dar, wie sich die ästhetische und
die ökonomische Ausprägung der Postmoderne gegenseitig

143

schützt, und die Fähigkeit der Gesellschaft, Kritik zu formulieren, seit Jahrzehnten einschläfert. Beweis ist ihm auch die Harmlosigkeit, mit der die Theater seit längerem auf die Gegenwart reagieren.

Zur Musik

Was auf hohem Niveau bleibt, ist die Oper und generell die klassische Musik. Die Franzosen sagen, in Deutschland gäbe es in jedem zweiten Dorf eine Oper. Stimmt nicht. Richtiger dürfte es eher sein, dass es in Deutschland so viele Opern zumindest halb so viele gibt wie auf der übrigen Welt zusammen. Welche Wähler man mit der Werbung ansprechen will, Stuttgart „Viermal Oper des Jahres" bleibt offen. Die Zahl der Opernhäuser, Theater, Museen und Orchester dürften das angenehmere Erbe der Monarchie sein. Die Demokratie hat schäbigere Maßstäbe, wie man an der Absicht sieht, ein SWR Orchester aufzulösen und die Museen in manchen Städten auf ein Minimum zu reduzieren. Aber auch mit der Förderung der Oper könnte man in Stuttgart an Grenzen kommen. In den achtziger Jahren aufwändig restauriert sollte sie jetzt für 18 Millionen wieder renoviert werden. Leider stellte sich heraus, dass über 300 Millionen erforderlich werden sollen falls die Zeitungen nicht übertrieben haben.

Auffällig ist, dass im Bereich der klassischen Musik auf Mätzchen aller Art fast ganz verzichtet wird, was durch die Interpreten von Rock und Pop überkompensiert wird.

Auch der Chorgesang blüht, freilich am wenigsten in den
Männergesangvereinen.

Zu unterscheiden ist stets zwischen der Kunst für den
Ausübenden und Kunst für den nutzenden Zuschauer oder
Zuhörer. Der Begriff des Dilettanten ist heute nur negativ
besetzt, was schade ist, bildete er doch den Nährboden für
eine breite Kultur. Die kommunalen Musikschulen bieten
andererseits eine große Möglichkeit, die mit dem früheren
Stundenunterricht nicht zu vergleichen ist.

Chancen durch Staat und Politik?

Bei diesem Thema könnte man es auf die Kurzformel
bringen: wo NSU möglich, da erst recht NSA.

Die ganze EU ist für viele suspekt und dies nicht erst durch
Tsipras. Zu später Stunde hatte das Fernsehen einmal eine
Sendung „ Wie die EU entstand?" gezeigt .Es war wirklich so,
wie sich der kleine Fritz die hohe Politik vorstellt. Jetzt hatte
man es auch nicht nur mit den Politikern in Stuttgart und
Berlin zu tun, was schlimm genug ist, sondern auch mit
Berlusconi , Hollande, Cameron und Co. Auch hier zeichnete
sich wenig Licht ab, zumal Reste früherer Bedeutung bei den
Engländern und Franzosen den Umgang mit ihnen schwierig
machen, was ja auch darin deutlich wird, dass
unverständlicherweise England und Frankreich noch immer

ständige Mitglieder des Sicherheitsrates der UNO sind, sich
also neben Russland und China setzen können.

 Der Cavaliere Berlusconi hatte sein ganzes Land seinem
Wohlleben geopfert, und jetzt ? Wer zahlt? Nicht nur bei ihm
zeigte sich, dass auch in der Demokratie ein Politiker legal viel
zu viel Macht haben kann. Ohne Kohl wäre Italien nie in die
EU gekommen. Ohne seine Selbstüberschätzung hätte die
CDU 1998 nicht die Wahl verloren, was andererseits viele
gefreut haben wird. Ohne Merkel wäre es nicht zu 1 Mill.
Flüchtlingen im Jahr 2015 in Deutschland gekommen. In
Europa steht nur noch Frau Merkel fest, doch niemand weiß,
was sie eigentlich denkt, das schaffte selbst die NSA trotz
Abhören ihres Handys noch nicht.

Manche meinen, sie mache eine gute sozialdemokratische
Politik. Weiß man's wirklich? In Bayern ist zu hören, sie sei
Honeckers späte Rache. Vielleicht schrumpfen die machbaren
Lösungen in der Politik aber auch so, dass zum Schluss alles
auf das gleiche hinausläuft.

Aber auch sehr Böses konnte man zur Europapolitik hören .
Die Fiskalunion führe zum Demokratieabbau in ganz Europa ,
was man nicht bestreiten kann , und sei eine Revolution von
oben was offensichtlich schon niemand mehr aufregt. Ein
Staat, der über seinen Haushalt nicht bestimmen kann, ist
kein Staat mehr. . In der EU ist es vordringlich, dass endlich
das Parlament in seine Rechte und Pflichten eingesetzt wird,
da die Entscheidungsfindungsprozesse für die Bürger, immer
noch viel zu wenig transparent sind. Das Parlament und nicht
Juncker müssen von jedermann als treibende Kraft
146

angesehen werden. Wie Juncker alle Skandale aussitzt zeigt wie wenig Moral in der EU vorhanden ist.

Das größte Rätsel ist, wie man ausschließlich durch die Spardiktate in den Südländern dort die Wirtschaft in Gang bringen und Wachstum generieren wollte. Grundkenntnisse in der Volkswirtschaft sollten doch auch den Politstars geläufig sein. Die New York Times schrieb, ob die Deutschen denn ihre Erfahrungen mit Brünings Sparmaßnahmen vergessen hätten, aber dazu hörte man nichts aus Berlin. Eine große Rednerin war die Kanzlerin ohnehin nicht, was mit ihrer Sozialisation in der DDR erklärt wurde. Schade, dass sich das so lange auswirkt. Bei Gysi war das anders.

Originell ist, dass die CDU durch die Bedeutung der Kanzlerin neuerdings als" Dame ohne Unterleib" bezeichnet wird. In den Ländern, Bezirken , großen Städten ist in der Tat von der CDU nicht mehr viel zu hören.

Die Bevölkerung schien das alles nicht zu stören. Sie war saturiert, wenigstens der sichtbare Teil der Bewohner, der keine Abfallkörbe auf dem Bahnhof leerte und manierlich war, nur das Fernsehprogramm hätte nach Meinung fast aller besser sein können. Doch am Sonntagabend kam der „Tatort", der nach Meinung eines prominenten Politikers wichtiger als eine Parlamentssitzung ist und verabschiedete die Deutschen danach ins Heiabett.

Dort machten sie die Äuglein zu, ohne über die NSA nachzudenken. Ein reines Gewissen ist das beste Ruhekissen. Für die, die wachgeblieben sind, stellt sich die Frage, wie geht's weiter? In Österreich würde man sagen: es muss etwas geschehen, aber es darf nichts passieren.

Was alle wollen, ist ökonomische Sicherheit und generell möglichst auf allen Feldern des menschlichen Lebens Sicherheit. Und Planbarkeit. Nur ja keinen stress oder Kampf ums Dasein. Eine solche Gesellschaft hat keinen" Pep" mehr und geht höchst ungern ein Risiko ein. Wer nicht wagt, wird auch nicht gewinnen.

Insgesamt ist zum staatlichen Handeln festzustellen, dass zwar sehr vieles, ja zu vieles geregelt wird, dennoch vitale Interessen der Bevölkerung , ignoriert werden. Man betrachte hierzu die unzureichenden Kennzeichnungen bei Lebensmitteln.

Es soll versucht werden, mit der Methode des Philosophen Popper, dem Falsifizieren, herauszufinden, was sich nach Meinung der Deutschen bewährt hat, und wo man abhelfen muss .Dies müsste in vielen Einzelfragen geklärt werden, soll hier aber nur an Kunst und Religion versucht werden. Als Kriterium wäre wie bei dem Sozialwissenschaftler Welzer zu allem die Frage zu stellen: zukunftstauglich oder nicht zukunftstauglich , wobei sich die Spreu sofort vom Weizen löst.

Religion und Kunst könnte man leichterhand zur Privatsache erklären. Kunst und Kultur gediehen bei den Deutschen im 18. und 19. Jahrhundert in Adel und Bürgertum nicht aber bei der Mehrheit der Bevölkerung aus Bauern und Arbeitern. Vom Land der Dichter und Denker konnte man sprechen und sich einen Hitler im gleichen Land noch nicht vorstellen. Beide Aspekte einer Kultur prägen die Deutschen heute nicht mehr. Wobei auf die Kunst von den meisten Bürgern vom Unterhaltungswert abgesehen leichter zu verzichten ist als auf die Religion, trotz ihrer abgeschwächten Wirkung. Die Zeit, als der Herr im Hohen Himmel wachte, war den meisten doch viel lieber gewesen als die NSA als Wächter, zumal man beim lieben Gott traditionell auf Milde spekulierte und bei der NSA noch keine Erfahrung hatte, weder was man tun und lassen durfte, noch wie es bewertet wurde. Diese himmlische Instanz, die sich die Angelsachsen ausgedacht hatten, war vielen unheimlich. Ganz merkwürdig war auch, dass sie durch Snowden auf einmal schlagartig da war. Irgendjemand musste doch den Aufbau in England beobachtet haben. Hatten unsere Nachrichtendienste gepennt, oder waren sie immer noch mit dem NSU Skandal befasst, so dass für NSA noch keine Zeit war. Oder hatte sich alles bei Nacht und Nebel abgespielt? In England soll es ja immer sehr neblig sein. Ein Zuwachs an Freiheit dürfte durch die NSA nicht kommen, dafür roch das Ganze zu sehr nach Orwells 1984 und Aldous Huxleys „Brave new world", und viele stellten sich die bange Frage, ob Deutschland und die EU sich zu Diktaturen entwickeln könnte.

Das Post - und Fernmeldegeheimnis in Art 10 des Grundgesetzes war vom Staat selbst längst ausgehebelt und durch die NSA könnte der Rechtsstaat fast unbemerkt eine Schlappe nach der anderen beziehen und sich unsere freiheitliche Demokratie verabschieden. Eine nicht nur für Juristen unbehagliche Situation, vor allem in Deutschland,

149

wo sonst alles zur Rechtsfrage wird und das Bundesverfassungsgericht sich ein hohes Ansehen erworben hat. Das Ergebnis aller Juristerei und Rechte wäre dann im Ergebnis nichts. Ein schöner Traum vom ewigen Frieden würde sich zerschlagen , den es offensichtlich nicht geben sollte. Die Zukunft wurde zum Albtraum, der folgenden Inhalt haben könnte:

Das Vierte Reich

„Wie alles begann", hieß ein Film, der im Jahr 2120 von Medienoffizieren in allen Schulen Europas gezeigt wurde und die Entwicklung der alten europäischen Staaten von der Freiheit zur „ funktionierenden Freiheit" zeigte. Der Film war nicht oberflächlich und holte weit aus. Er begann mit dem anarchistischen Attentat von Sarajewo, das den ersten Weltkrieg auslöste und Europa für die Zukunft machtlos machte. Der Zweite Weltkrieg wurde dargestellt als Sieg der Moderne über die Antimoderne. Dass die Sowjetunion unter Stalin zur Moderne gerechnet wurde, ließ manche Betrachter des Films stutzen, aber man hatte sich durch die Political Correctness seit Jahrzehnten an Sprachregelungen und kosmetische Operationen der Medien gewöhnt.

„Wahr ist", sagten die letzten Spaßvögel in der Bevölkerung, „was dem Volke nützt". Politik und Geschichte dürfen nicht unreflektiert erlebt, sie müssen als event präsentiert werden. Was der Wetterkarte im Fernsehen recht ist, eine hübsche Inszenierung, ist der Politik nicht nur recht, sondern auch billig. Die Political Correctness war die „newspeak" schon im 21. Jahrhundert geworden. Sie wurde offensiv vom
150

Staatsapparat durchgesetzt. Die Methode, nach der die „Zugehörigen" in der Gesellschaft Vorwürfe der „Nichtzugehörigen" rügten, war immer die gleiche. „Sie wollen das besser wissen, ja woher denn, ein Dorfpolizist will es besser wissen als das Kabinett in Berlin, haben Sie mal prüfen lassen, ob sie größenwahnsinnig sind?" Das lässt man sich höchstens zweimal sagen und verstummt. Ziel erreicht.

Der Film brachte auch Beispiele für „hemmungslosen Individualismus". Völlerei, Trunksucht, Drogen und andere Laster wurden vorgeführt, die auf Kosten der AOK Versichertengemeinschaft therapiert werden mussten. Alle Laster der Welt wurden gezeigt, fokussiert in den Universitäts- und Hafenstädten.

Heillose Diskussionen und wenig Handeln waren für die Gesellschaft des 21. Jahrhunderts typisch. Weder Parteien, noch Parlamente, Kirchen oder Gewerkschaften zeigten gemeinsame Ziele, ja nicht einmal Ansätze dazu. Manche Diskussionen wurden gar „manuell" geführt, das heißt, es kam zu Straßenkämpfen und Schlägereien, wie in der Weimarer Republik. Vielstimmig war der Ruf nach Führung und Lenkung, aber er wurde nur von den Falschen verstanden.

„Aber wir sind gerecht", sagten die Medienoffiziere, die die Filme vorführten an dieser Stelle, „wir wollen historisch vorgehen." Die alte Bundesrepublik lief lange gar nicht schlecht. Wenn alles kaputt ist und 12 Millionen aus dem Osten in das Land gepumpt werden, ist der Bedarf unendlich, das heißt, die Konjunktur lief bis 1967 insgesamt sehr gut, und darauf kam es an. Dann gab es eine wirtschaftliche Delle und einen allfälligen Aufstand der Studenten an den Universitäten. Sie hatten in vielem Recht, konnten aber meist nicht einmal ihre engsten Verwandten von der Richtigkeit ihrer Thesen überzeugen.

„Auf der Straße diskutiert man nicht", hieß es bei Konservativen, und allmählich ging alles wieder zur Tagesordnung über, bis sich aus den Scherben von 68 die RAF entwickelte und glaubte, Deutschland durch Attentate reformieren zu können. Jetzt gab's Zunder und als bleibende Folge eine große Vermehrung der Polizei. Mord und Totschlag bringen keinen Frieden, Polizisten nur vorübergehend. Observieren ersetzt nicht das Zuhören, Zuhören nicht das Denken und zum Schluss das richtige Handeln und Lenken.

„Nur eine gelenkte Demokratie wie in Russland schon im 21 . Jahrhundert ist eine effiziente Demokratie, meinte der „MO", wie die Medienoffiziere abgekürzt wurden. Dies war nicht leicht durchzusetzen, aber die Opposition, vor allem aus Akademikern, war praxisfern, und der größte Teil der Bevölkerung sogar einverstanden, da er wie die Regierung dachte und von den Massenmedien entsprechend formatiert wurde.

Die Kirche befasste sich nach wie vor mit ihrem Lieblingsthema § 218. Die Probleme der Lebenden waren ihr weniger wichtig. Da und dort, vor allem an Universitäten, gab es auch Widerstand. Fast überall konnte die vermeintliche Unbill durch „Handbalsam" gemildert werden, und auch Placeboforschungsaufträge wurden erteilt wie: Das sozialpflichtige Individuum - Chimäre oder Hoffnung? Oder: du bist nichts, dein Volk ist alles - zeitgemäße Forderung oder unzumutbare Entwürdigung des Menschen?

„Ein cleverer Mann", so fuhr der Medienoffizier fort, „war um das Ende des 20. und Beginn des 21. Jahrhunderts der italienische Medienzar Silvio Berlusconi." Sein Ziel war eine Art demokratische Cäsarenherrschaft wie sie der furchtsame Oswald Spengler in seinem viel zitierten Werk „Der Untergang des Abendlandes" nach dem ersten Weltkrieg beschrieben hatte, mit dem er dem deutschen Bürgertum große Angst um seine Privilegien eingejagt hatte.

Von der Justiz und dem Rechtswesen überhaupt hielt Berlusconi wenig, viel mehr von schönen Frauen, was ja auch verständlich ist. Er ruinierte sein Land politisch und wirtschaftlich, aber sehr lange passierte ihm gar nichts. Die Medien, selbst das Fernsehen, das ihm zum Teil selbst gehörte, hatte er auf seiner Seite, was seine Demagogie sehr erleichterte. Auch mancher patriotische Italiener meinte „lieber mit dem Cavaliere aufwärts, als formal richtig, aber bergab".

Die Bevölkerung will immer, dass es aufwärts geht. Ordnung und Sauberkeit auf den Straßen, für die Armen wenigstens Suppenküchen. Dolce Vita sei den Reichen vergönnt, sie können nichts anderes .

Vor allem wollte man einen kraftvollen Staat, der alles ausgleicht und bezahlt, und das beste Symbol für einen vitalen Staat sind rollende Panzer.

153

Ja, meinte der „MO", damit waren wichtige
Vorentscheidungen gefallen.

Die Demokratie wurde verschlankt und leistungsfähiger
gemacht wo immer es ging, teilweise privatisiert und
konzentriert. Die Zahl der Länder in Deutschland auf sechs
verkürzt mit weniger Rechten als zuvor. Die Zeit war zu ernst
geworden für staatliche Folklore und Klimbim, wie sie den
Föderalismus damals kennzeichnete.

Wo ein Wille war, war jetzt auch ein Weg, und von Berlin aus
konnte man herrlich durchregieren. Motzte Bayern doch
einmal, kam man ihm mit großzügigen langfristigen
Bierlieferungsverträgen für Nord- und Ostdeutschland für
seine Brauwirtschaft entgegen.

Feierlich sagte der MO" zum Schluss: „Das Volk ist heute der
alleinige Richter, wir alle und der Staat nur der Trichter. Ich
danke Ihnen für Ihre Aufmerksamkeit." In den kräftigen
Applaus der Zuschauer mischte sich noch einmal der
Motorendonner von Leopard Panzern, die auf der Leinwand
triumphierend ins Nichts vorstießen.

So weit der Albtraum vom „Vierten Reich" .

Wem es jetzt graust, der liegt richtig. Gleichwohl verbietet
sich die übliche Ausrede im Bürgertum, „das werde ich nicht
mehr erleben müssen, mir langt es vorher noch zum ewigen
Frieden". Im Zeitalter von NSA erscheint eine Neuverfilmung
des „4. Reiches" geboten mit einem Überwachungssystem,
dass nicht nur alles weiß, was geschieht, sondern durch die

Algorithmenrechnung alles weiß, was geschehen wird und dies über jeden Bürger, der es noch wagt, eine eigene Meinung zu haben.

Eine traumatische Situation, die welthistorisch noch nie da war.

Schwierig ist es, den schon heute allgegenwärtigen vergleichsweise noch harmlosen Frust der Bevölkerung durch die Politik zu begegnen. Einer der Gründe dafür dürfte sein, dass man die Politiker viel zu oft sieht und ihre weitgehende Wirkungslosigkeit fast täglich beobachten kann. Zwar nicht unmittelbar, aber im Fernsehen mit ihren statements, die viel Intelligenz erfordern, wenn man herausbekommen will, was eigentlich gesagt wurde und zu welchem Zweck. Vor hundert Jahren kannte man einen Reichstagabgeordneten bestenfalls mit Namen aus der Zeitung. Gesehen hatte man nie einen.

Ein weiterer gravierender Grund des Unbehagens ist sicher die Globalisierung, die sich genau betrachtet als Tarnbegriff für den Neoliberalismus darstellt und viele überfordert. Nichts gegen Bananen, nichts gegen Importe und Exporte aus Sri Lanka und anderswo, aber alle, die ihren Job verloren, würden lieber im alten Stil werkeln und auf Internationalität verzichten. Fast lächerlich wird es, wenn Regionalstudios des Rundfunks wie in Tübingen sich nicht mehr ihrem Stammpublikum verpflichtet fühlen, sondern Internationalität anstreben, so dass bei einer Veranstaltung des SWR eine Frau aus dem Publikum fast flehentlich äußerte, sie hätte nur einen Wunsch, dass auch Lieder auf Deutsch im Programm wären.

155

Eine unbefriedigende Tatsache in Deutschland, die trotz Wiedervereinigung gleich blieb, ist, dass sich bei Wahlen regelmäßig zeigt, dass die Deutschen politisch in zwei nahezu gleich große Lager geteilt werden können. Ein „bürgerliches" und ein „linkes". Das heißt, wenn es nicht zu großen Koalitionen kommt, bleibt der Wille der Hälfte der Wähler unberücksichtigt.

Dies fördert die Demokratiebegeisterung nicht, ist doch ohnehin bei den meisten das Gefühl vorherrschend, man könne sich politisch zu wenig einbringen und sei letztlich machtlos. Hier gilt es anzusetzen.

Richtig ist, dass die Parteien nur" partes" sind, Teile der Bevölkerung, die nicht das ganze Spektrum an Meinungen und Wünschen abdecken können. Es ergibt sich daher die Konsequenz, dass die direkte Demokratie stärker zum Zug kommen muss als bisher. Im Grundgesetz ist sie nur bei der Neugliederung des Bundesgebietes in Art. 29 aGG vorgesehen.

In Bayern hingegen wird sie   immer wieder mit Erfolg praktiziert, ohne dass ein anderes Bundesland seine Verfassung entsprechend geändert hätte. Die Grünen, die zu den leidenschaftlichsten Anhängern der direkten Demokratie gehören, haben in Baden- Württemberg noch keine verfassungsrechtlichen Schritte in dieser Richtung unternommen, sondern bei der Abstimmung über den Nationalpark im Schwarzwald und zu S 21 erlebt, dass das Volk seinen eigenen Kopf hat. Nicht sehr motivierend. Dennoch muss die politische Zukunft in einer neuen

Ausgestaltung von indirekter und direkter Demokratie liegen, weil sich der Bürger sonst zu machtlos fühlt

Solchen Gedanken liegt noch das überkommene Bild von Staat und Bevölkerung zugrunde, bevor die NSA den Bürger nicht seiner Subjektivität im politischen und privaten Bereich enteignete. Es muss je doch auch im Interesse von big data sein, dass es keine Aufstände gibt und neue Datenlöcher gestopft werden müssen. Es könnte sein, dass mit Snowden der Einblick in eine Welt der Unfreiheit vermittelt wurde, die hoffnungslos macht. Das Abhören von Merkels Handy blieb folgenlos. Die Generalbundesanwaltschaft stellte lange keine Ermittlungen und zu den übrigen Abhörungen gar keine an. Resignation? Böse Zungen sprachen davon, dass Deutschland bei solchen Fragen de facto nur den Status einer amerikanischen Kolonie habe, was durch das geplante Handelsabkommen noch deutlicher würde. Was den Deutschen ohnehin kaum bewusst ist, dass Deutschland staatsrechtlich seit 1989 kein souveräner Staat ist. Tröstlich ist, dass auch die NSA nur aus sterblichen Menschen besteht, und zumindest theoretisch auch die Amerikaner etwas dazu lernen können. Snowden lässt hoffen.

Betrachtet man ihre politischen Kämpfe um elementare staatliche Fragen wie den Haushalt und die Verschuldung, können dem Europäer Zweifel kommen. Schon Bismarck muss ein Gespür in dieser Richtung gehabt haben, als er formulierte: drei Menschengruppen brauchen einen besonderen Schutzengel: Schlafwandler, Geisteskranke und Amerikaner.

Festzustellen ist, dass Abqualifikationen, wie sie in dieser Streitschrift bezüglich der Amerikaner öfters angebracht wurden, sich nicht auf den amerikanischen Durchschnittsbürger beziehen. Dieser arbeitet härter als der Deutsche und lebt oft dennoch in sozialem Elend. Es sind relativ wenige überschaubare Kreise in USA, die sich jeder Vernunft verschließen. Diese werden große Probleme bekommen, wenn nicht mehr die boys von der Ostküste den Ton angeben, sondern die vielen Hispanos und Afroamerikaner, die keinen Grund zur Dankbarkeit haben.

Amerika war bei seiner Gründung als Demokratie ein Produkt der Aufklärung und brachte große Staatsmänner hervor. Was seine Moral entscheidend schwächte, war die Verherrlichung des Geldes und die Tolerierung geringer ethischer Skrupel, wie sie auch beim zweimaligen Einsatz der Atombombe in Japan zum Ausdruck kam, wobei zumindest einer nur als „Materialerprobung" ohne militärischen Zweck angesehen werden muss. Die heutige Auffassung der „social tolerance" kann aus europäischer Sicht als Gipfel der Amoralität angesehen werden. Verheerend wird sich noch lange die amerikanische Doppelmoral in fast allen Teilen der Welt auswirken, die dazu geführt hat, dass der Westen im Orient und anderswo sehr an Glaubwürdigkeit verloren hat.

Bis hierhin hat uns die Geschichte der Mängelliste nach der Jahrtausendwende geführt. Der nächste Blick soll in die Zukunft gerichtet werden, wie sie sich zum Teil jetzt schon abzeichnet, bevor wir in dem Schlusskapitel im „Paradies auf Erden" angelangt sein werden.

Die Zeit der „kämpfenden Reiche „

Die Zeit der „kämpfenden Reiche" ist ein Begriff aus der
chinesischen Geschichte, der nicht zwingend militärisch zu
sehen ist.

Bei Beginn des 21. Jahrhunderts stehen sich gegenüber die
USA als klassische Weltmacht und die sogenannten BRIC
Staaten, das heißt Brasilien, Russland, Indien und China,
wobei hier unter Vernachlässigung Brasiliens und Indiens
eine Konzentration auf Russland und China auf der einen
Seite und den USA und Europa auf der anderen erfolgen
soll.Europa sieht man dabei als im Wesentlichen mit sich
selbst beschäftigtem Anhängsel der USA.

Nach der Meinung von Historikern, die sich mit dem Verlauf
der chinesischen und der westlichen Geschichte parallel
beschäftigt haben, wird es in der ersten Hälfte des 21.
Jahrhunderts einen Führungswechsel von den USA und dem
Westen generell zu China geben. China wurde in den letzten
150 Jahren vom Westen diskriminiert (Opium Kriege, Boxer
Aufstand, Vernichtung der chinesischen Kultur.) Es hat keinen
Anlass die Welt mit westlichen Augen zu sehen. Für die These
des Führungswechsels spricht, dass die USA schon lange in
China hoch verschuldet ist, gleichzeitig im Inneren selbst ihrer
finanziellen Probleme nicht Herr wird, wie man am ständigen
Erhöhen der Schuldenobergrenze sieht. Schon jetzt scheinen
bei den Auseinandersetzungen zwischen Demokraten und
Republikanern die Spielregeln der Demokratie außer Kraft

159

gesetzt. Weitere Probleme drohen den USA aus ethnischer Sicht. Die Zeit der weißen Vorherrschaft, der „Wasp" „White anglosax protestant" geht zu Ende. Während man den Einfluss der Afroamerikaner mit zum Teil brutalen Methoden zurückdrängte, wird dies bei der großen Zahl der Hispanos nicht gelingen. Trotz ihres funktionierenden militärisch industriellen Komplexes und der herausragenden IT Industrie sowie der oft sehr massiven Form der Selbstbehauptung wird es den USA daher nicht gelingen, ihre globale Rolle als Weltmacht Nr. 1 auf Dauer zu behaupten.

Das Anhängsel Europa wird daran nichts ändern können. Zwar sitzt hier noch immer viel Intelligenz und viel Geld. Die Fördermittel der EU gehen aber bei weitem nicht in Forschung und Technik, wie oft weisgemacht wird, sondern noch immer zu großen Teilen in die Landwirtschaft, vor allem in die großräumigen Höfe Frankreichs.

Insbesondere an der skrupellosen Politik Englands wird deutlich, dass die Voraussage Lenins, die Kapitalisten würden der Sowjetunion noch den Strick verkaufen, an denen man sie aufhängen würde, durchaus realistisch sein könnte.

Der Westen, die USA wie Europa wird in der Geopolitik erst erfolgreich sein, wenn die Politik über nationale Gewinnmaximierung hinauskommt Und Afrikanern und Südamerikanern partnerschaftlich entgegen kommt.Zur Zeit sieht es eher danach aus, dass die EU gespalten ist durch den harten kapitalistischen Kurs Camerons und den übrigen Ländern, wobei Deutschland eine ungewohnte Schlüsselrolle zufällt, während Griechenland ein überbetontes Problem
160

darstellt, das nur zeigt, wie schlampig die EU konstruiert
wurde.

Da es in der Politik kein Vakuum gibt, wird die Vorreiterrolle
in der Welt China übernehmen, dessen massives
Auftrumpfen in Ostasien, vor allem im südchinesischen Meer
in Europa von vielen gar nicht bemerkt wird. China hat im
Gegensatz zum Westen auf allen Gebieten der Politik
langfristige Perspektiven. Es sichert sich seit langem Land und
Rohstoffe in Afrika und finanziert de facto die USA durch
Ankauf ihrer Schuldscheine. Im Inneren Chinas gibt es
durchaus auch Machtkämpfe, die aber durch die
Kommunistische Partei und die noch immer wirkende Lehre
des Konfuzius, der vor zweieinhalbtausend Jahre lebte und
wirkte, noch immer positiv beeinflusst wird. China ist heute
ein Land im Aufbau mit oft schwindelerregendem Tempo. Als
Exportland wird es von Deutschland hochgeschätzt, als
Abnehmer großer PKW von Audi, BMW und Daimler, wobei
Skeptikern nicht ganz wohl ist, dürfte der eigentliche Bedarf
des Riesenlandes doch auch bei sparsamen Mittelklasse- und
Kleinwagen liegen. Schon sehen Ängstliche Stuttgart als
deutsches Detroit und den ganzen mittleren Neckarraum mit
seiner überwiegenden Zulieferindustrie als Notstandsgebiet.
In der Wirtschaft aber darf man sich weder von positiven
noch von negativen Visionen leiten lassen, sondern muss
immer die Realität im Auge haben. Adenauer hatte für
derartige Fragen eine klassische Antwort: „Wenn die Situation
kommt, ist sie da!" Damit war zwar nichts erklärt, aber die
Diskussion zu Ende.

In China gibt es große Probleme mit dem Millionenheer von Wanderarbeitern und der Umweltverschmutzung, von der Atemluft angefangen. Bis zur Angleichung der Lebensverhältnisse vom materiellen bis zum rechtlichen, wird in China noch ein langer Weg sein, aber man sollte die Zähigkeit und Belastbarkeit sowie den Erfindungsgeist der Chinesen wie der Ostasiaten generell nicht unterschätzen, wie es die Europäer aus Gewohnheit und Rassismus gerne tun. Bei einem Land mit so wechselvoller Geschichte und einem so großen Nachholbedarf wie China sind Friktionen in Wirtschaft und Gesellschaft nicht vermeidbar. Ein Blick auf die europäische Geschichte würde uns auf vielen Gebieten bescheidener machen.

Aus der Ferne betrachtet hat man den Eindruck, dass in China vieles nicht nach unserer Mütze läuft, aber durchdachter und langfristig konzipierter ist als bei uns, wo die Politik fast ausschließlich von den Kosten bestimmt wird und hier durch die Fiskalunion und Schuldenbremse enge Grenzen gesetzt sind. Die Politik hechelt dem Geld hinterher.

Als nächster BRIC Staat wäre Russland zu würdigen. Ein riesiges Land voller Bodenschätze. Hier ist von Putin zu abstrahieren, wird er doch kaum noch über hundert Jahre regieren, und möglicherweise ergibt sich, wie nach dem Zerfall der Sowjetischen Union, noch ein ganz anderes System , vielleicht kann sogar eine richtige Demokratie entstehen. Der Begriff der „gelenkten „ Demokratie, der im Kreml herumgeistern soll, dürfte der russischen Realität eher entsprechen als die Behauptung von Schröder, Putin sei ein

lupenreiner Demokrat. Was man nicht alles so sagen kann,
wenn man es nicht beweisen muss. Das Bild der Deutschen
von Russland und den Russen ist getrübt durch Krieg und
Kalten Krieg, während es zuvor oft ausgezeichnet war, was
hier nur angedeutet werden soll. Bevor die Deutschen sich an
Amerika ausrichteten, dürften sie mit den Russen
gleichberechtigter gewesen sein als heute mit Franzosen und
Engländern, die in Brüssel tonangebend sind, außer wenn es
ans Zahlen geht, da dürfen die Deutschen dann schon ran.

Die russische Literatur hatte und hat in Deutschland viele
Freunde, nicht nur in Baden- Baden, das noch heute russophil
ist.

In Württemberg hat das Haus Romanoff im 19. Jahrhundert
viele zivilisatorische Fundamente gelegt (Sparkasse,
Mädchengymnasium, moderne Krankenhäuser). Selbst in der
Zwischenkriegszeit gab es immer wieder Beweise guter
Zusammenarbeit und gegenseitige Achtung. Davon zeugt das
russische Sprichwort: die Deutschen hätten den Affen
erfunden. Höchstes Lob sogar – wer hätte das vermutet - für
die Reichspost, nach deren Organisation Lenin den
Sozialismus organisieren wollte. Nach 1945 versuchten die
Russen den Bewohnern der DDR nicht ihre Kultur
überzustülpen sondern achteten

diese mit Respekt, während die USA von der Micky Maus bis
zu den Hollywood Produkten keine Möglichkeit ausließen,
die Deutschen umzuerziehen.

Festzuhalten ist auch, dass die Russen ihren Sputnik vor den
Amerikanern im Weltall hatten. All dies zeigt, dass die Russen
keineswegs ein Volk von alkoholabhängigen Faulenzern
waren und sind, sondern ihr Schicksal die politische Führung
war und ist. Von uneinsichtigen despotischen Zaren bis zu
Putin hat es noch keiner geschafft, die Ressourcen des
Landes an Naturschätzen und der Begabung in der
Bevölkerung zu entwickeln und für das Land zu nutzen. Diese
Schwächen werden noch lange bestehen, und wie Europa an
den USA hängt, könnte Russland mit China eine große
sozialistische Einheit bilden, was sich schon jetzt abzeichnet.

Leider ist es so, dass Reste des Kalten Krieges in den Hirnen
noch immer vorhanden sind, was in Ost und West manche
aber gar nicht stört. Die übrigen BRIC Staaten sind abgesehen
von Indien   und in manchem Brasilien welthistorisch noch
nicht bedeutsam weshalb sie hier nicht weiter erörtert
werden.

Das Paradies auf Erden

Zu den unerfüllten Verheißungen der Lehre von Karl Marx
gehört das Paradies auf Erden, wonach einer morgens Jäger,
nachmittags Fischer und nach dem Essen Kritiker ist. Ein
Beweis dafür, dass die Kochkunst im Marxismus noch nicht
paradiesisch ist, wie Witzbolde meinen ,die den Begriff
„Kritik" verkennen.. Einen von Marx unabhängigen Versuch,
eine Art „Paradies auf Erden" einzuführen, wird in der
Schweiz angestrebt, die nach Meinung vieler zumindest

außereuropäischer Betrachter schon jetzt von einem
Paradies auf Erden nicht mehr weit entfernt ist.

Es handelt sich um den ernstzunehmenden Versuch, ein
garantiertes Mindesteinkommen von 2500 Franken
einzuführen, und durch Volksabstimmung in der ganzen
Schweiz für gemeinverbindlich zu erklären. 2500 Franken
sollen der Sockel darstellen, der auf überschießende
Einkommen angerechnet wird. Die Finanzierung soll über
eine Konsumsteuer (Umsatzsteuer) und wegfallende
Sozialleistungen erfolgen. In absehbarer Zeit soll zu dieser
Frage eine grundsätzliche Volksabstimmung erfolgen,
während die Einführung wegen der vielen rechtlich
notwendigen Änderungen erst später erfolgen soll.

Die Einstellung zu diesem Projekt hängt im Wesentlichen
vom Menschenbild des Betrachters ab und ist
realistischerweise ein großangelegter Versuch, den Zwängen
des Kapitalismus zu entfliehen und den Menschen zu
optimaler personaler Entwicklung zu verhelfen. Schon sind
die Sparer, das Rückgrat der Finanzwirtschaft in Europa, vor
allem in Deutschland, faktisch ohne jede staatliche
Maßnahme enteignet. Der deutsche Michel hat dies
anstandslos akzeptiert und wird noch mehr akzeptieren
müssen. Vielleicht heißt das neue Versailles für die
Deutschen, Brüssel, Maastricht oder Frankfurt (EZB).
Spätestens dann empfiehlt sich ein Umzug in die Schweiz.
2500 Franken sind ja gar nicht wenig.

Neid ist die Wurzel der Demokratie, wovon jede zukünftige
Gesellschaftsordnung ausgehen muss. Die Schweizer
165

marschieren bei diesen schwierigen Fragen schon weit voran.
Bei gleichem Grundeinkommen und einem Gehaltsspreizung
von maximal 1: 12, wie sie es ebenfalls anstreben, wird der
Neid entschärft. Die erste Abstimmung hierzu über diesen
Gehaltsspread wurde kein Erfolg. Aber die Idee liegt
offensichtlich in der Luft. Am Tag nach der Abstimmung
hierzu in der Schweiz war in den deutschen Zeitungen zu
lesen, CDU und SPD wollten die Gehälter der Manager
begrenzen. Nachtigall.........?

Die Umwälzungen, die nicht nur den Deutschen wegen der
Flüchtlinge sondern der ganzen Welt in absehbarer Zeit
bevorstehen, werden die politische und soziale Landschaft
tiefgreifend verändern. Will man mit der Bekämpfung der
Klimaerwärmung ernst machen wird es zu Eingriffen in die
Wirtschaft kommen müsse n, die sonst nicht einmal denkbar
gewesen wären.

Wird Deutschland amerikanische Kolonie?

Die Amerikaner sind für manche noch immer die Befreier von
1945, die Schokolade und Kaugummi für die Kinder verteilten
und den Erwachsenen die Demokratie brachten, was ihnen
hoch anzurechnen ist. Im Windschatten ihres Militärs und der
NATO erlebten die Deutschen eine siebzigjährige Friedenszeit
und Prosperität wie nie zuvor. Der Vietnamkrieg mit all seinen
Greueln und später der Golfkrieg und vor allem der

lügenbasierte Irakkrieg zeigten dann die hässliche Seite der Amerikaner. Der biedere Michel nahm auch ungläubig zur Kenntnis, dass unsere Verbündeten das Handy von Frau Merkel abhörten, von vielen Tausenden Abhörskandalen im Lande abgesehen. Der eigentliche Skandal besteht aber darin, dass man sich in den USA darüber aufregte dass sich die Deutschen darüber aufregen, hätte man doch eine gemeinsame Wertegemeinschaft, die Putin nicht bieten könne. Nach langem Zögern wurde der Generalbundesanwalt aktiv und begann wenigstens bezüglich des abgehörten Kanzlerinnenhandys mit Vorermittlungen, sonst aber nicht. „In Deutschland gilt deutsches Recht", sagte die Kanzlerin und blieb ihrer Art gemäß cool wie auch bei der Enttarnung der NSA Spione. Eine gute Antwort wäre auch gewesen, „was soll der Quatsch." Was erwartet die NSA, im Kanzleramt zu finden, etwa „eine Liste der primär zu Erschießenden US Politiker ?" Bei derartigen Aktionen des „großen Bruders" zeigen sich paranoide Züge des NATO Partners und eine Wertschätzung der Deutschen nicht auf Augenhöhe, sondern allenfalls auf Hühneraugenhöhe.

Die Industriespionage ist auch nicht die „feine englische Art", gehört aber wohl global zu den seit Jahrhunderten tradierten Sitten.

Ein neues Phänomen ist der Komplex Google. Im Grunde ein kartellrechtliches Problem, mit Rechtsmitteln wohl aber nicht mehr einzufangen. Es ist beschämend, wenn der Chef des Springer Konzernes Döpfner verlauten lässt, er habe Angst vor

Google. Hier hat die Wirtschaft offensichtlich gepennt und ist jetzt selbst herausgefordert.

Von ganz anderem juristischen Kaliber sind die Planungen zum Handelsabkommen mit den USA TTIP die geheim verlaufen, was von vornherein stutzig macht. Ginge es um Chlorhühnchen wäre alles nicht schlimm. Zu befürchten ist nicht nur , dass die europäischen Standards hinsichtlich Ökologie, Soziales und Arbeitsrecht nicht berücksichtigt werden. Das bedenklichste am Entwurf ist, dass es nur private Schiedsgerichte geben soll, und Konzerne ganze Staaten wegen Investorenschutz verklagen können. So ist zur Zeit das Land Uruguay wegen Investorenschutz verklagt, weil seine Nichtraucherkampagnen das Geschäft der Tabakindustrie behindere! Es gibt über 140 Multikonzerne ohne jede moralische Verpflichtung nur am finanziellen Profit interessiert, die auf diese Weise die europäische Wirtschaft und vor allem die Staaten selbst strangulieren können.

Mit Hilfe der NSA und des TTIP Handelsabkommens wäre Europa de facto in einer Weise von Amerika abhängig, die einem Kolonialstatus gleichkäme. Es liegt an Brüssel, sich massiv dagegen zu wehren und an Berlin, entsprechend Druck auszuüben.

Man kann davon ausgehen, dass die eigentlichen Probleme
von TTIP und der Troika wenige interessieren, so dass
verborgen bleibt, dass damit auch die Demokratie in
entscheidenden Kriterien aufgegeben wird, selbst wenn man
nur von einer „marktkonformen" Demokratie ausgeht wie die
Kanzlerin. Joseph Vogl, wohl der scharfsinnigste deutsche
Kapitalismuskritiker, der schon vor ein paar Jahren „Das
Gespenst des Kapitals" entzauberte, weist in seinem neuen
Buch „Der Souveränitätseffekt" auf die staatsrechtlichen
Verschiebungen hin, die viel zu wenig zur Kenntnis
genommen werden. Er macht deutlich, dass
Regierungsgeschäfte immer mehr an Expertenkomitees,
improvisierte Gremien oder Troikas verlagert werden, die
weder durch die Verfassung legitimiert sind oder sonst eine
gesetzliche oder vertragliche Ermächtigung aufweisen. So ist
in den EU Verträgen nirgendwo die Troika vorgesehen. Sie
ergibt sich auch nicht aus den Interessen von Gläubigern zu
prüfen, ob die Zahlungen ordnungsgemäß abgewickelt
werden. Die Troika hat weit mehr Regelungen in den
Südländern der EU bewirkt, die nicht zu deren Nutzen waren
als dass sie nur den Zahlungsverkehr überwacht hätte (z.B.
Senkung von Mindestlöhnen). Während im Staatsrecht
üblicherweise die Souveränität als Herrschaft im
Ausnahmefall definiert ist, formuliert Vogl: „Souverän ist, wer
eigene Risiken in Gefahren für andere verwandeln vermag
und sich als Gläubiger letzter Instanz platziert." Auf eine gern

übersehene Besonderheit beim TTIP weist Prantl in der SZ
hin. Hier geht es um weit mehr als Freihandel, nämlich auch
um Einwirkung auf die politischen Entscheidungen der
Vertragsstaaten, was durch einen „ Rat für regulatorische
Kompensation" erfolgen soll. Auch hier in keiner Verfassung
vorgesehen, soll dieser Rat schon im Frühstadium der
Gesetzgebung gehört werden. Zu was dann noch abstimmen?
Zu was noch Demokratie?

Die große Verweigerung

Der Leser wird feststellen, dass die Lage nicht einfach ist. Er
kann aber auch die Ursache mancher Missstände begreifen
und sich dagegen wehren. Das heißt konkret: er sollte sich
von allen Strömungen fernhalten, die nur Einzelnen oder
einem Teil der Bevölkerung nutzen.

Der mainstream ist immer im Unrecht und ersetzt nicht das
eigene Urteil.

Der Mensch muss stets davon ausgehen, dass er zunächst
selbst für sein Schicksal verantwortlich ist. Ist er
eingeschränkt lebensfähig oder durch Krankheit geschwächt,
muss ihm durch die staatliche Gemeinschaft geholfen
werden.

Der Bürger ist durch die Medien nicht zu manipulieren,
sondern aufzuklären. Der Profit darf dabei kein Gesichtspunkt

sein. Probleme sind in ihrem Zusammenhang zu erkennen und anzugehen, wie es Naomi Klein beim Zusammenhang zwischen Kapitalismus und Klimaerwärmung getan hat. Es muss erkannt werden, dass an allen wirtschaftlichen, sozialen und kulturellen Fehlentwicklungen das kapitalistische Denken ursächlich ist.

„Think global act local" ist hier eine gute Devise. Wie auch „small is beautiful".

Der Konsum muss von der Notwendigkeit geprägt sein und nicht vom Überfluss.

Nichts sollte verabsolutiert werden. Jede Partei vertritt nur einen Teil der Wahrheit. Jede Konfession, jede Weltanschauung besitzt Wahrheit nur für ihre Anhänger.

Ethik ist wichtiger als Religion so auch der Dalai Lama. Der Mensch braucht nicht nur einen Standpunkt, sondern viele. Er kann konservativ, sozial und liberal zugleich sein, wenn auch nicht auf den gleichen Feldern des Lebens, zum Beispiel: konservativ bei den Finanzen, sozial in seiner Haltung zu seinen Mitmenschen und liberal bei seinen kulturellen Vorstellungen.

Als äußerstes Mittel, wenn sich die Situation weiter verschlechtert, sollte er nicht zur Wahl gehen. Wenn die Wahlbeteiligung immer geringer wird, sind die staatlichen Instanzen gezwungen darüber nachzudenken, warum die Demokratie bei uns nicht in Ordnung ist, und wie dem abzuhelfen wäre.

Der Mensch sollte sich nicht treiben und von den elektronischen Medien durch den Tag schaukeln lassen, sondern jeden Tag bewusst angehen.

Ausblick

Das Abstellen der geschilderten Mängel erfordert Investitionen zunächst nur im Bewusstsein der Handelnden und ist „haushaltsneutral". Deutschland unterscheidet sich von England und Amerika darin, dass es noch eine große Realwirtschaft hat, und das Bruttosozialprodukt ohne große Finanzspekulationen zustande kommt. Aufgrund der unterschiedlichen Bildungstradition erscheint bei den Gefahren des digitalen Zeitalters, wie Schirrmacher in seinem vielzitierten Buch „Ego" hoffnungsvoll andeutet, hier auch Gegenbewegung möglich wie sie auch beim Widerstand gegen TTIP deutlich wurde .In diesem Zusammenhang wichtig ist auch, dass Lanier, wohl einer der besten Kenner der digitalen Welt, schlussendlich optimistisch ist.

Eines muss man sich aber verdeutlichen, so wie die letzten 70 Jahre liefen, mit kontinuierlicher Prosperität und militärischem Schutz durch die USA ohne nennenswerten Eigenbeitrag, wird es nicht gehen. Der Michel wird sich bewegen müssen, vor allem im Kopf.